TIMING RESISTANCE TRAINING

计时抗阻训练

基于"肌肉时钟理论"的运动表现提升方案

[英] 艾米·阿什莫尔(Amy Ashmore)著　刘 也 译

人民邮电出版社

北 京

图书在版编目（CIP）数据

计时抗阻训练：基于"肌肉时钟理论"的运动表现
提升方案 /（英）艾米·阿什莫尔（Amy Ashmore）著；
刘也译. -- 北京：人民邮电出版社，2021.8
ISBN 978-7-115-55207-5

Ⅰ. ①计… Ⅱ. ①艾… ②刘… Ⅲ. ①体能－身体训
练－研究 Ⅳ. ①G808.14

中国版本图书馆CIP数据核字(2020)第224383号

免责声明

作者和出版商都已尽可能确保本书技术上的准确性以及合理性，并特别声明，不会承担由于使用本出版物中的材料而遭受的任何损伤所直接或间接产生的与个人或团体相关的一切责任、损失或风险。

内 容 提 要

肌肉时钟理论表明，肌肉并非只是受神经系统支配的简单效应器，而是一种智能且自主的结构，在人体的正确提示下，肌肉可以预测即将到来的训练，从而提高运动表现。而策略性计时正是理解和利用肌肉时钟的关键。

本书以周期化训练知识为基础，介绍了肌肉时钟的理论知识，以及如何利用肌肉时钟进行力量、爆发力、柔韧性等身体训练，最后还提供了运用策略性计时来制订抗阻训练计划的方法。本书适合运动员、教练、运动防护师、物理治疗师，以及健身爱好者阅读。

◆ 著 ［英］艾米·阿什莫尔（Amy Ashmore）
    译 刘 也
    责任编辑 裴 倩
    责任印制 周昇亮

◆ 人民邮电出版社出版发行 北京市丰台区成寿寺路 11 号
    邮编 100164 电子邮件 315@ptpress.com.cn
    网址 https://www.ptpress.com.cn
    三河市中晟雅豪印务有限公司印刷

◆ 开本：700×1000 1/16
    印张：14.5   2021 年 8 月第 1 版
    字数：256 千字   2021 年 8 月河北第 1 次印刷

    著作权合同登记号 图字：01-2019-5728 号

定价：128.00 元

读者服务热线：(010)81055296 印装质量热线：(010)81055316
反盗版热线：(010)81055315
广告经营许可证：京东市监广登字 20170147 号

致艾登・斯莱德

目录

前言

　　若你正在阅读本书，那么你肯定对肌肉力量和爆发力的提升以及抗阻训练计划颇感兴趣，且对肌肉生理学新的研究有所了解，并与我一样，对肌肉时钟的发现，及其将来对抗阻训练和运动表现产生的影响而兴奋不已。

　　肌肉时钟表明，肌肉并非只是受神经系统支配的简单效应器，而是一种智能且自主的结构，可以在我们的正确提示下，预测即将到来的训练并提高运动表现。而策略性计时正是理解和利用肌肉时钟的关键。

　　自20世纪50年代出现周期化训练以来，运动领域的科学家就已知晓，计时是影响运动员成绩峰值的最关键的训练计划变量之一。本书虽然以已有的周期化训练知识为基础，但是以崭新的视角来研究肌肉和抗阻训练。本书最初的灵感源自20世纪90年代末在美国拉斯维加斯的一家健身房实施与记录的一项为期16周的职业拳击训练计划。在精英级职业拳击馆的几年里，我发现高效的训练计划通常具有两大特点：第一，长期坚持同一类训练；第二，严格遵守计时规则。多年后，我将肌肉时钟的新研究和对计时的新思考方式同拳击结合起来，开发出一种新的抗阻训练计划。

　　本书适用于以下3类群体：

* 需要提高或了解肌肉力量和爆发力的运动员和教练；
* 与运动员和精英健身爱好者一起工作的私人健身教练、运动防护师和物理治疗师；
* 对相关概念了如指掌，并可以将锻炼指导原则应用于自身的训练及计划中的体育从业者和健身爱好者。

　　本书共有3个部分：了解肌肉时钟的科学，学习制订训练计划的工具和制订有效的训练计划。

　　第1章探讨了肌肉时钟的定义及其将来对抗阻训练和运动表现产生的影响。这一章的相关研究表明，人类的600多块骨骼肌中，每一块都有自己的内部时钟，即肌肉时钟。当它被打破时，肌肉功能会受到不良影响，这说明，肌肉时钟对肌肉表现具有至关重要的作用。

第2章探讨了干扰理论。科学证据表明，如果心血管耐力训练结束后立即进行抗阻训练，就会干扰力量和爆发力输出。这一章探究了可能的干扰机制，以及如何规划抗阻训练和心血管耐力训练以避免上述情况的发生。

第3章探讨了肌肉时钟用来监控训练时间间隔的三种时间线索，并将这三种线索与常见的周期化训练计划变量联系起来。这一章还探讨了非连续式休息，即间歇休息的使用，并详细介绍了其在训练计划、高强度间歇训练和恢复中的应用。

第4章提出了具体的训练建议，可在后续章节中，为力量和爆发力输出的配对训练，以及同步训练和柔韧性训练计划提供帮助。我们可以根据训练时传递给肌肉时钟的时间线索，将训练分为六大类：全身爆发力训练、双侧下肢训练、单侧下肢训练、上肢训练、孤立训练（单一肌肉训练）和快速伸缩复合训练。训练按主要关节和肌肉动作进行分解和分析，为生物力学方面相配对的训练方法奠定基础。

第5章介绍了预测训练，这是一种利用计时策略来影响肌肉时钟并培养肌肉进行预测的训练模式。这一章借鉴运动学习的概念，探讨了神经预测和肌肉预测之间的相似性，以及肌肉时钟使用上述两种预测来改善抗阻训练效果的方式。章末的小结为读者提供了将以上概念直接应用于抗阻训练计划的方法。

第6章探讨了有意训练不足的理念。这一章将计划训练时间和活动－休息阶段作为计划的主要变量，表明训练不足是一种可行的训练方法。当持续执行一项以计时为重点的抗阻训练计划时，肌肉中会发生特定的分子作用，从而优化恢复能力，提高运动表现。这一章直接对比了有意训练不足与只注重训练量和强度的训练体系，后者通常会使肌肉疲劳，导致训练过度。

最后，在第7~10章中，我将所有概念结合起来，使用配对训练法，以开发新的力量、爆发力、同步训练、柔韧性训练计划以及与肌肉时钟相关的训练方法。这几章使用早期的一些概念，如避免干扰、肌肉预测、有意训练不足、间歇休息和复合训练，展示了如何使用所建议的训练方法和策略性计时来制订新的抗阻训练计划。

鸣谢

特此感谢Top Rank Boxing拳击馆的米奇·汉普给予我在健身房工作的机会，并让我记录下训练计划，使我第一次认识到计时对肌肉表现的影响。十分感谢德克斯特，感谢您在得克萨斯州等地的健身房工作中给予我的帮助。

第1部分 | 了解肌肉时钟的科学

　　从周期化运动训练的起源，到当今所采用的多种训练方法，时间管理一直都是抗阻训练取得成功的关键。抗阻训练计划的成功取决于策略性的时间安排：如何制订日常的训练时间与频率、每次训练持续多久、组内休息多长时间，以及肌肉收缩的速度。虽然我们都清楚在抗阻训练中时间管理十分关键，但科学家们才刚刚开始了解肌肉如何通过新发现的肌肉时钟来监控以及权衡时间。

　　第1章将探讨肌肉时钟的定义，以及它们将如何影响抗阻训练的未来。肌肉时钟是众多内部生物钟的一种，内部生物钟包括由大脑管控的主时钟以及许多其他组织中特定的时钟，如骨骼、肌腱和软骨时钟，它们能够让身体适应24小时的日常节律。第1章解释了肌肉时钟如何通过特定的线索来监控时间间隔，以及调节与抗阻训练效果相关的分子作用，从而预测相应的运动。第1章详细研究了600多块具有内部分子时钟的骨骼肌，结果表明，这些分子时钟有助于肌肉学会预测即将进行的训练内容，并且认为肌肉是一种智能调节器，不仅能对中枢神经系统的命令做出反应，还能够让动作得以实施。第1章在传统周期化训练的基础上，结合了有关肌肉时钟新的研究成果，向读者阐述了肌肉时钟如何提高肌肉质量、力量、爆发力，以及恢复能力。

在任何类型的运动过程中，时间安排都是一项关键的因素——良好的时间管理有助于规避不同训练方式之间的干扰或冲突。第2章不仅探讨了干扰理论及其中的机制，还阐述了用于开发抗阻训练计划、避免干扰的方法。抗阻训练和心血管训练是两种相互矛盾的训练方式，除了引发不同的肌肉分子作用外，它们还会引起肌肉的混乱。假设我们在同一天进行心血管训练以及抗阻训练，那么，肌肉表现或许会受到不利的影响。其原因在于，肌肉需要根据一致的线索来触发相应的分子作用。与不同类型运动效果相联系的分子作用不仅具备独特的性质，还会寻求不同的线索。当两个不同的线索（如慢跑与深蹲）在不到1小时的时间内相继出现时，肌肉便会处于失常状态，不知道要做什么。于是，它们停止活动，运动表现也因此受到负面影响。

第2章的第1部分从分子层面详细探讨了引起肌肉混乱的原因。第2章对一些研究进行了解释说明，这些研究阐明了训练的模式、频率、量、强度和持续时间如何对肌肉产生干扰，并产生消极的训练结果。第2章的第2部分认为，现实生活中，我们需要面对以下困境：在绝大多数的运动与健身计划里，抗阻训练和心血管训练这两种运动模式必不可少。因此，第2章还为读者提供了解决方案——通过制订运动与训练计划来避免干扰。

第1章 什么是肌肉时钟

自20世纪70年代早期以来，科学界就已经知道了主时钟的存在[24]，然而肌肉时钟则是一项相对较新的发现。肌肉时钟的存在最早是由齐尔卡及其同事于1998年提出的[29]。研究表明，当肌肉时钟被破坏时，骨骼肌会受到不利影响——肌肉会变得虚弱，线粒体的含量和功能也会相应地减少与削弱[1, 11]。虽然目前我们还没有完全了解肌肉时钟的功能，科学家们也只是刚刚开始了解肌肉时钟的意义及其对肌肉表现的影响，但很明显，肌肉时钟有助于调节肌肉功能，在运动表现方面有重要意义。

所有的内部时钟都有一个共同的目标：让身体在24小时内与外部环境保持一致，创造一个生理节律，让身体为夜间和白天等日常环境变化做好准备，并影响人们的睡眠和活动时间。

肌肉时钟：概述与功能

肌肉时钟是肌肉内部的转录因子或基因，这些转录因子或基因可根据环境变化和体育活动来调节生理周期。肌肉时钟的主要功能在于，它可以24小时监控身体内外的变化。为了让肌肉更好地工作，肌肉时钟会仔细地关注一些事情，如昼夜周期、活动−休息周期、激素水平、体温、饮食和运动习惯。

这些内在的自主调节式肌肉时钟的发现意义重大，因为它改变了我们对肌肉的认识。肌肉不仅能对中枢神经系统的指令做出反应，肌肉本身还能够让动作得以实施。

肌肉时钟起到了调节肌肉功能的作用。此外，它们还在肌肉骨骼系统、大脑以及整个身体之间架起了沟通的桥梁。肌肉时钟能让肌肉与大脑中的主时钟保持同步，同时，它们还能将肌肉与位于肌肉骨骼系统内外组织中的其他外周时钟连接起来。

肌肉时钟就像体内的起搏器。从细胞层面讲，分子时钟提供了一种基本的计时方法，这种方法能让肌肉随时以良好的状态应对环境的日常变化。当分子时钟、细胞内活动以及外部事件（如昼夜周期）达到同步的状态时，我们便具备了适应环境条件的能力。从这个角度讲，肌肉十分聪明，它能够很好地适应周围环境。骨骼时钟是肌肉骨骼系统时钟的一员；肝脏区域的时钟则是外周时钟的一员。

与肌肉组织的关系

据估计，肌肉占身体总质量的40%~45%，肌肉是人体中最丰富的组织。这两项数据有一定的意义，因为单就肌肉的体积而言，它并不仅仅是一个效应器、一个受中枢神经系统支配、只对指令做出反应的结构。相反，肌肉是一种重要的调节器，它能触发身体其他系统的作用，而且除了做出反应外，它还具备其他的功能。

无论肌肉进行什么样的活动，它都会影响整个身体。肌肉内包含控制其功能并与身体其他系统交流的时钟。这一发现极具革命性。从此，我们知道，肌肉可通过各种各样的线索，如经过精心策划的运动，在调节全身功能方面起着关键作用。例如，在肌肉时钟的帮助下，肌肉能够与肝脏形成交流机制，并在维持机体代谢平衡方面发挥重要作用。

很早之前，便有人提出了肌肉不仅是效应器的概念。由于肌肉在身体中占很大比例，许多人认为肌肉只有唯一的功能——在中枢神经系统的指挥下活动和执行动作。然而，这似乎不合逻辑。虽然很早便有人提出这一假设，但直到最近才出现支持这一观点的证据。本章稍后将就此进行详细的探讨。

总数量

人体内有600多块骨骼肌，每一块都有各自的肌肉时钟，此外，这些肌肉时钟包含了许多不同类型的遗传物质[20, 26]。由于人体有超过600块骨骼肌且每一块都有自己的时钟，总共600多个单独的骨骼肌时钟会24小时工作，以便让肌肉活动和大脑内的主时钟、肌肉骨骼系统时钟、身体的其他系统以及环境保持同步。肌肉时钟并不是万能的，不同的肌肉由不同类型的纤维组成，各种类型的肌肉时钟自然也不尽相同。后文将详细探讨肌肉时钟的意义。

构成

肌肉时钟位于肌肉内部，它们由转录因子组成。转录因子是一种序列特异性结合因子，负责控制遗传信息的转录速率（转录指利用脱氧核糖核酸链上的遗传信息产生互补核糖核酸链的过程），并参与脱氧核糖核酸（DNA）向核糖核酸（RNA）转化的过程（参见图1.1）。脱氧核糖核酸转化为核糖核酸之后，便可用来调节和表达给肌肉时钟功能带来重要影响的基因。转录因子包含了负责启动与调节肌肉内基因活动的基本蛋白。每个内部时钟均由许多转录因子组成，每个转录因子则在控制时钟方面扮演着不同的角色。就这些转录因子而言，有的只存在于核心分子时钟里，有的则存在于不同类型的肌肉时钟当中；肌肉时钟还包含影响骨骼肌特定功能的基因，如肌球蛋白和肌钙蛋白，以及其他影响新陈代谢及三磷酸腺苷（ATP）合成的基因。

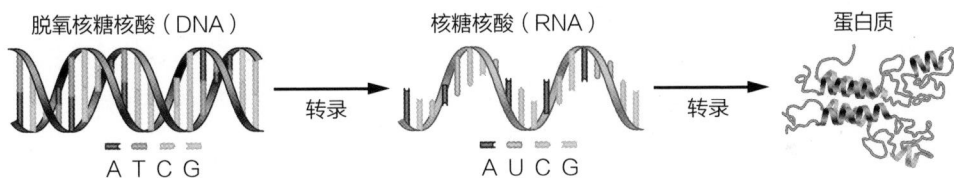

脱氧核糖核酸（DNA） 核糖核酸（RNA） 蛋白质

转录 转录

A T C G A U C G

图1.1 脱氧核糖核酸（DNA）转化为核糖核酸（RNA），用于编码、解码、调节以及表达给肌肉时钟功能带来重要影响的基因

日程表

所有生物钟都是24小时制。全身的每日变化、整体基因表达模式以及新陈代谢反映了24小时周期的存在。换句话说，在肌肉时钟以及其他生物钟里，转录因子每天的表现会随着时间的变化而变化。此外，对不同类型的刺激，它们的反应也是不同的。

特定外周组织（如肌肉）的局部活动反映了其生物钟的24小时周期。肌肉时钟通过注意如光暗周期之类的体外线索来了解日程安排，这与相对于地球轨道位置的时间相关联，与此同时，所有生物钟都能获得这种夹带线索。夹带是指生物节律性事件，如生理节律（Circadian Rhythm）与外部或局部组织环境变化之间的匹配。日常时间线索能够设置以及重设包括肌肉时钟在内的所有时钟。日常时间是最明显且最容易理解的时钟线索，然而，正如后面几章所探讨的，线索不仅数量庞大，还具备组织特定性。以肌肉为例，额外的线索包括激素水平、活动－休息模式和训练计划（如抗阻训练的时间安排）。第3章将会就上述所有线索展开详细探讨。

组织特异性

肌肉时钟由时钟控制型基因构成，此外，该类型的基因及其用于交流的通路具有明显的组织特异性。也就是说，每种类型的外周时钟都包含了各自的组织特异性基因，这些基因允许外周时钟监控其他系统并传达特定于该组织的变化。肌肉细胞的内部分子时钟让它们能够每天预测肌肉及其局部环境的节律性变化，并做出特定于肌肉的适应。肌肉时钟主要负责管理肌肉的状态，而其他外周时钟则关注其他组织所发生的变化（如骨骼时钟关注骨骼的状态）。

主时钟位于大脑，负责监督身体内的所有时钟（包括肌肉时钟）。此外，肌肉骨骼系统包含了软骨、骨骼与肌腱时钟。如前所述，每个时钟都具备组织特异性，包含特定于该组织的转录因子，其中，只有少数几个转录因子符合共享的条件。此外，每个组织特异性时钟都有自己独特的表现。当我们在研究中控制肌肉、骨骼以及软骨时钟时，每种时钟都会带来不同的负面影响。例如，如果时钟功能的关键转录因子——BMAL1蛋白在所有三个外周时钟（肌肉、骨骼和软骨）里都被敲除，则会引起不同的生理事件。以肌肉为例，其中的纤维会变得杂乱无章、线粒体功能失常，肌纤维的尺寸也会缩小[1]。此外，敲除肌肉时钟里的BMAL1蛋白不仅会缩小肌纤维的直径，还会诱发肌肉减少症（肌肉组织随年龄增长而减少）[11]。BMAL1蛋白被敲除后，肌肉的再生功能也会受影响[4]。这些结果说明构成肌肉时钟的基因对肌肉的最佳功能与表现是多么重要。

生物钟遭到破坏之后，受影响的不仅是肌肉。当全身BMAL1蛋白而不仅是肌肉BMAL1蛋白被敲除时，肌肉中正常的活动－休息节律便会消失，日常运动活动量也会减少[11]。综上所述，敲除BMAL1蛋白后，随之发生的肌肉特定性事件表明，肌肉时钟在调节肌肉功能及表现方面具有重要的作用。

敲除BMAL1蛋白不仅会在肌肉中产生很多效应，还影响着其他肌肉骨骼系统里的时钟。在软骨中，敲除BMAL1蛋白会给生长板带来负面影响——导致骨骼变短[3]。此外，如果敲除骨骼本身的BMAL1蛋白，则会导致骨质流失，这与衰老过程中发生的情况相类似[19]。

值得注意的是，在这种情况下，相同的转录因子——BMAL1蛋白可以在不同的组织中造成不同的后果。敲除转录因子的后果不仅阐明了内部调节时钟的重要性，也强调了以下事实：在各种组织中发现的不同类型的时钟均具备特定于组织的调节功能。内部时钟基因，如局部BMAL1蛋白丢失后，肌肉所做出的组织特定性反应进一步说明了骨骼肌的自主性。

本书的内容以肌肉时钟为重点，因此，我们并没有就肌腱、骨骼和软骨时钟展开充分的探讨。然而，我们需要认识到这些时钟的存在，因为它们能够与肌肉时钟形成交流机制，进而优化肌肉骨骼系统的发展与表现。此外，它们还在调节肌肉骨骼系统的代谢功能、预防代谢及骨骼疾病方面发挥着一定作用。

时间线索

肌肉时钟通过密切关注时间线索或授时因子（在德语中是"线索"的意思，与生物钟相关的文献经常引用该术语）来监测时间间隔。肌肉时钟负责将环境中发生的事情与肌肉中发生的事情进行比较。在时间线索的协助下，肌肉不仅能够了解当前的时刻，还能即时地了解身体内外所发生的事情。因此，肌肉具备协调肌肉分子事件的能力。24小时内，肌肉一直都努力地在环境和肌肉活动之间做协调。

所有内部时钟都会接收一个最重要的时间线索——光。光提供了与日常时间以及活动－休息模式相关的信息。然而，其他因素，如激素水平、体温、运动和饮食习惯，也会影响分子时钟的活动，第3章将详细探讨这方面的内容。就目前而言，我们需要认识到，肌肉时钟通过时间线索来监测时间间隔，并从这些线索中了解如何做出合乎时宜的预测以及反应。

生物节律

骨骼肌通过自己的生物节律（Biological Rhythms）来寻找与时间有关的线索。早在1986年，研究人员就发现骨骼肌中存在生物节律，当时，他们在老鼠身上注意到了肌蛋白合成的每日变化[17]。最初观察生物节律的时候，他们并没有认为那是肌肉时钟，直到1998年，齐尔卡及其同事才发现肌肉中存在一个独立的生理节律振荡器[29]。2007年，高桥及其同事[25]绘制了首个骨骼肌时钟，他们分别在小鼠和大鼠骨骼肌中发现了215个和107个基因，每个基因都包含了与时间线索相关的独特的表达性节律模式。2007年，其他研究人员发现，大鼠的骨骼肌包含了200个以上的节律基因[13, 14]。

与肌肉时钟相关的研究进展得十分迅速。现在，科学家知道肌纤维的类型决定了节律基因的性质[8]。除了肌纤维的特异性外，我们也发现了越来越多的节律基因。就动物研究而言，科学家在快速收缩的胫骨前肌中发现了684个节律基因的同时，在收缩较慢的比目鱼肌中发现了1359个节律基因[8]。

由于在肌肉中发现了这些节律基因，研究人员现在可以做出有把握的推断——肌肉骨骼系统在设置与重置全身日常休息–活动阶段中具有重要的作用。科学家还未确定不同组织的具体作用，同时，还需要更多的研究来论证骨骼肌的自主程度以及规律性运动对节律和功能的影响。

肌肉并不能单独工作。在影响全身节律时，肌肉会与结缔组织、骨骼以及软骨一起工作。因此，影响这些组织的因素反过来又会影响肌肉和全身的生理节律。研究人员在小鼠软骨中确定了具体的分解代谢（导致组织受破坏）与合成代谢（构建组织）的计时机制：小鼠经历夜间阶段之后，大多数分解代谢基因会在白天早些时候达到峰值状态[11]；然而，合成代谢基因则在12小时后，也就是晚上早些时候达到峰值状态。研究人员在肌肉中也观察到了类似的合成代谢基因的峰值时间。该结果表明，小鼠的肌肉组织很有可能在夜间12小时后开始生长。由于具备了同步的特征，肌肉骨骼系统组织的节律性分解代谢和合成代谢活动的时间变得十分重要。小鼠、大鼠软骨与肌肉的分解代谢–合成代谢节律与人类普遍接受的节律相类似[11]（第3部分将详细探讨这方面的内容）。最重要的是，啮齿动物的分解代谢–合成代谢生物周期图与支持预测性人类肌肉日常生长潜力的数据相吻合。

另一个重要的线索与软骨周期及其对肌肉表现的影响相关联。杜德克和孟[7]认为，肌肉骨骼代谢周期和动物日常活动的长期脱钩或许会导致软骨出现退行性改变以及肌肉削弱的整体表现。另外，不同肌肉骨骼系统组织之间的同步性或许能让肌肉生理机能处于积极的状态中。为了支持不同肌肉骨骼系统组织之间的相互作用，软骨会丧失生理节律，如此一来，小鼠的骨骼会变得更短[7]。可以预见的是，在肌肉骨骼系统中，如果其中的一个方面不同步，其他系统，如肌肉也会受到影响。

有了与运动训练以及计划相关的线索，肌肉时钟不仅能够调节肌肉表现，还能协调肌肉骨骼系统和身体内部的其他系统。肌肉能够从抗阻训练中获得相应的线索，如运动方式（运动类型和生物力学）、频率、持续时间、运动量、强度和休息时间。第3章将会就上述所有因素展开详细探讨。

主时钟

生物钟是一个分层结构。大脑中的主时钟（参见图 1.2）与所有的外周时钟形成了交流机制。自 20 世纪 70 年代以来，科学家们就已经知道了主时钟的存在，而且很长一段时间以来，人们都知道它与生理节律或生物节律之间存在着联系。主时钟解释了为什么长途飞行会打乱睡眠模式，为什么轮班工人在工作时间不固定时容易生病，或者为什么在某些情况下，夜班会影响健康的生理节律功能。生物钟对一致性有很高的要求——它们不断寻找能够创造一致性的线索，如运动训练以及计划线索。

当主时钟被破坏时，生理节律就会被打乱[12]。主时钟能够向骨骼肌、肌腱、软骨和骨骼等外周器官施加节律性。在很长一段时间里，即直到发现外周时钟之前，人们一直认为主时钟是唯一的内部起搏器——不仅独立地控制着所有组织的生理节律，还涵盖了所有的肌肉骨骼系统时钟。

所有的外周时钟都会受到主时钟的影响，然而外周时钟并不能向主时钟施加起搏作用。这个概念十分重要。包括肌肉时钟在内的外周时钟并不会对主时钟产生任何影响。主时钟的地位至高无上，能够影响所有的外周时钟。然而实际上，外周时钟包含了一些特征，如它们拥有自己的生理节律和夹带方式，这让它们在一定程度上独立于主时钟。就肌肉时钟而言，如运动时间、特定的运动训练和计划特征这样的夹带线索为肌肉提供了自主权。

最重要的是，虽然局部时钟（如肌肉时钟）能够根据环境以及内部变化的特定需求来调动局部组织，但不会对主时钟造成影响。然而如本章的后文所述，骨骼肌的反复收缩会对主时钟产生影响。

视交叉上核

主时钟位于大脑前部深处——下丘脑的视交叉上核（SCN）区域（参见图 1.2）。视交叉上核是一个神经元簇，不仅能够识别昼夜循环，还能让身体处于 24 小时周期当中，这给肌肉以及所有其他外周时钟带来了重要的影响。即使在没有光线的情况下，视交叉上核也可以使身体的其他部分维持大约 24 小时的作息时间。

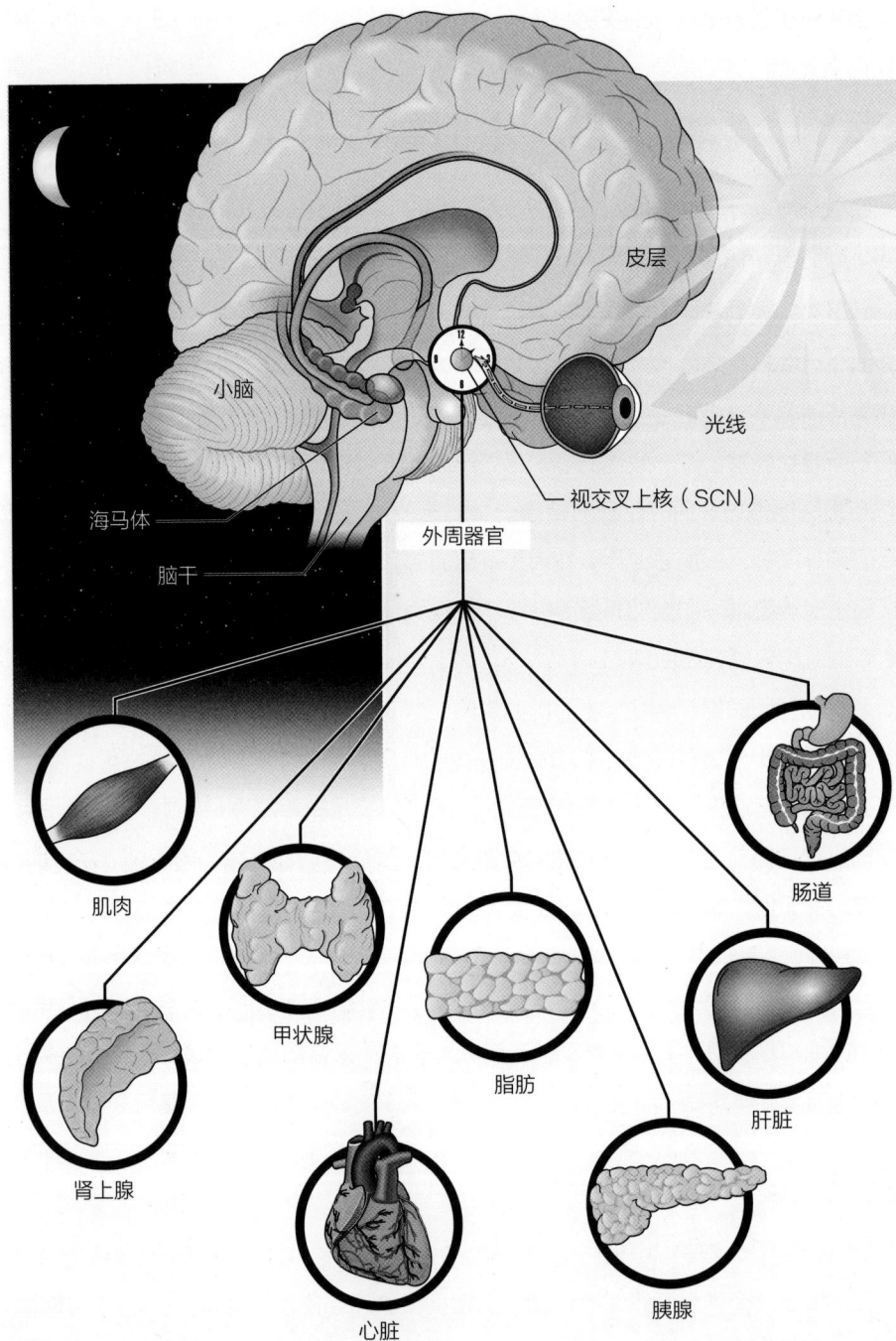

图1.2 位于大脑视交叉上核的主时钟会影响体内很多外周时钟，主要负责传递和日常时间以及明暗周期相关的信息。内部时钟不会直接影响主时钟

当视交叉上核的某些部分遭到破坏时，外周时钟（如肌肉时钟）并不会受影响[5]。但是视交叉上核遭到破坏会导致内部外周时钟不再与其他躯体调节系统保持同步。事实上，尽管视交叉上核遭到破坏，肌肉时钟还是能够维持24小时的作息时间，这一点很重要，因为它论证了肌肉时钟与肌肉的自主性。

主时钟对肌肉时钟的直接影响

大脑中的主时钟会影响所有的外周时钟，包括肌肉、肌腱、骨骼和软骨时钟，以及身体其他部位的时钟。由于主时钟能够识别光线周期，它能让肌肉时钟24小时地维持工作状态。然而，主时钟不是唯一的调节器。每个组织都有自己的时钟，这些时钟会对组织特定性线索，如肌肉运动的时间及类型做出反应。时钟有了具体的线索以及来自主时钟和环境的信息，能区分一天的时间，并设定相应的时间表。

缺乏肌肉时钟的影响

肌肉时钟不会直接影响主时钟。虽然，对外周时钟的功能而言，主时钟非常重要，但外周时钟不会对主时钟产生直接影响。主时钟会向外周时钟发送与日常时间以及活动-休息周期相关联的信号，而外周时钟不会向主时钟传递信息。

虽然肌肉时钟不会直接影响主时钟，但是骨骼肌可以通过反复的肌肉收缩间接地影响主时钟。和肌肉时钟一样，主时钟也受运动的影响。换句话说，肌肉时钟或许不会直接影响主时钟，但肌肉的活动可以。这再次表明，肌肉是自主调节器，而不仅仅是效应器。

就肌肉活动如何影响主时钟而言，主时钟能够对运动的时间以及多次预先安排的运动做出反应。在研究运动对主时钟的影响时，研究人员发现，主时钟会将预先安排好的运动视为一种线索[20, 21]。运动功能不仅有利于视交叉上核适应环境，还能提供关于活动-休息周期的线索。肌肉在运动时，日常的负荷/空负荷会让局部基因表达以及代谢方面发生变化，这些变化被认为是全身生理节律的重要组成部分。定期的运动能够管控主时钟以及光-昼循环，也就是说，外周组织，如肌肉，能够对环境和其他时间线索做出灵活的反应[6, 18, 25]。

有规律的运动让肌肉能够自主且灵活地应对其独特环境的要求。一项与小鼠的运动相联系的研究表明，每天都会有一个可以增强生理节律的最佳运动时间。然而人类还不能通过理想的运动时间来优化肌肉时钟在肌肉表现中的作用。因此，在更多地了解他人推荐的训练时间之前，应该每天坚持计时运动[26]。

管理与交流

肌肉时钟能提供稳定性，协助设定时间表，并引导肌肉启动分子作用，以预测日常环境与活动的变化。为了与其他身体系统进行交流，骨骼肌采用了特定的信号通路来发送信息。

肌动蛋白释放的影响

肌肉活动通过肌动蛋白（肌肉特有的蛋白质）在肌肉内部和身体其他部位进行交流。当肌肉收缩时，它会释放肌动蛋白——能让肌肉与其他组织了解肌肉活动的化学信使（参见图1.3）。肌动蛋白会以日常时间为参照，传递能够表明肌肉处于活跃状态的时间线索。反复且有计划的肌肉收缩能够传递如活动-休息周期以及运动时间这样的线索。

我们可以将肌动蛋白理解为化学信使——有了它，身体的其他部位就能了解肌肉里发生的事件，以及这些事件发生的时间。它们被释放到组织循环中，负责向肌肉、肌肉骨骼系统、主时钟以及全身传递被视作夹带线索的运动时间[16]。有了肌动蛋白，肌肉就能够与其他系统保持同步，以改善肌肉骨骼系统的表现，进而使睡眠和恢复等功能与对表现产生重要影响的活动-休息周期保持一致。

交感神经系统（SNS）的作用

交感神经系统是体内时钟用来传递信息的生物通路。大脑的主时钟通过交感神经系统调节神经和内分泌（激素调节）系统功能。有了交感神经系统，主时钟便能够从大脑向外周时钟发送关于24小时周期和光明暗变化的信息。此外，它是用来设置和重置每日时钟的路径。

主时钟是整个身体的计时装置。一旦信息从主时钟发送到外周时钟后，其他机制便开始发挥作用。就像主时钟通过交感神经系统在全身传递信息一样，肌动蛋白也通过交感神经系统游走于全身的肌肉之间。具体来说，肌动蛋白调用的是交感神经系统里的自主神经系统（ANS）。自主神经系统负责接收与身体以及环境相关的信息，并通过身体活动做出响应。事实上，当肌肉向肌动蛋白发送信息时，自主神经系统对此做出的反应

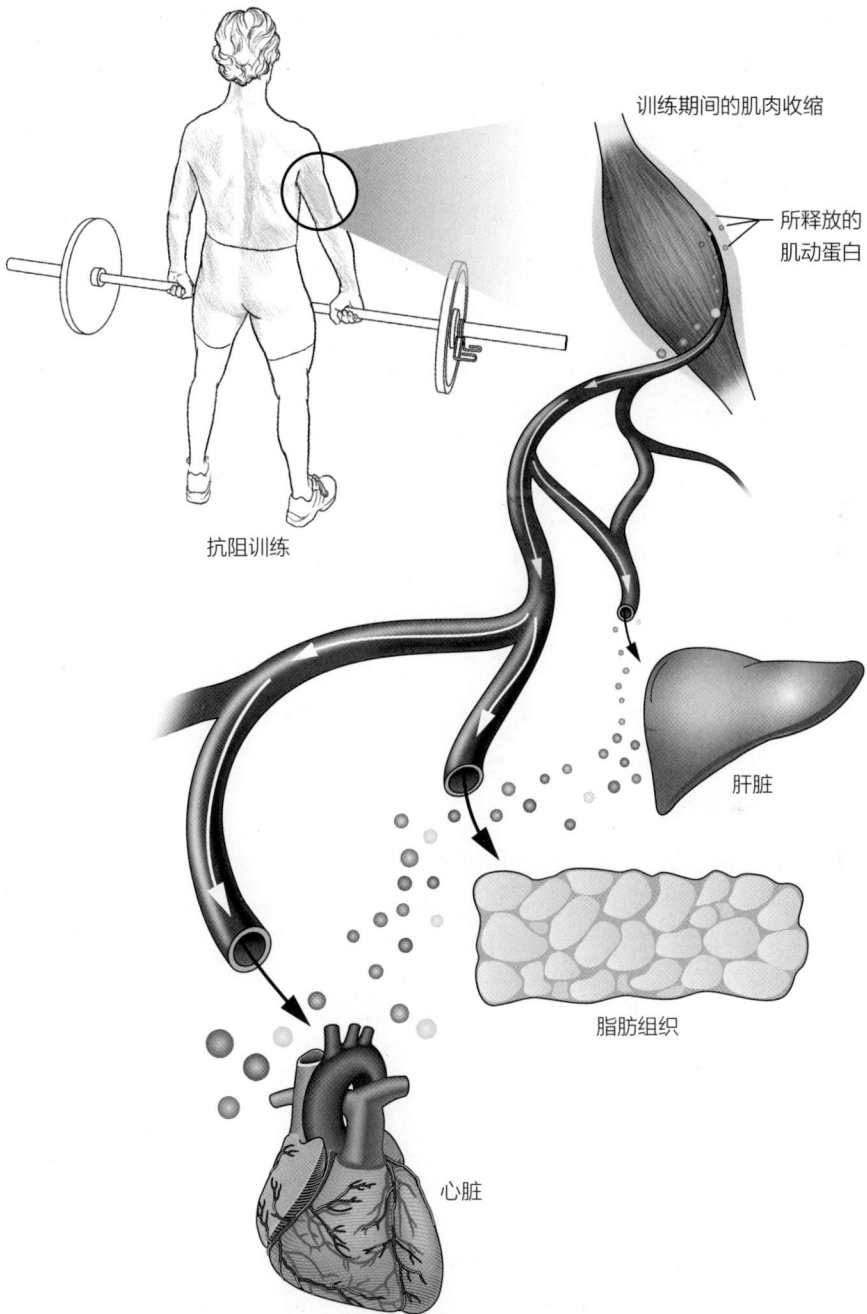

训练期间的肌肉收缩

所释放的
肌动蛋白

抗阻训练

肝脏

脂肪组织

心脏

图1.3 抗阻训练期间，肌动蛋白得到释放。抗阻训练引发肌纤维收缩，刺激肌动蛋白的释放。这些肌动蛋白和肌肉骨骼系统以及身体内其他结构之间产生交互作用，形成网络。肌动蛋白传递与抗阻训练时间相关的信息，使肌肉和其他结构能够预测即将实施的训练，进而改善肌肉表现

非常关键。其中的意义影响着肌肉自主性的前提——除了承担效应器的作用外，肌肉还能在整个身体里通过肌动蛋白形成交流机制、产生影响，以及让动作得以实施。

肌肉－器官的交互作用

很早以前，人们便意识到骨骼肌能够影响其他组织。很明显，肌肉网络与其他组织及系统之间存在相互作用，这种相互作用通常被称为交互作用。与此同时，很明显，骨骼肌的活动会让身体发生变化，这些变化能够给肌肉表现与恢复带来积极的影响。肌肉通过肌动蛋白与器官交流。当肌肉收缩时，肌动蛋白会被释放到其他组织，负责传递关于活动时间的信息。在交互作用的影响下，其他组织能更快地达到同步状态，进而保持匹配的生理节律周期。如果骨骼肌节律被打乱或不同步，整个身体都会受影响。

事实上，当肌肉收缩时，就会出现交互作用，身体其他系统也会接收这一信息，这一点构成了本书内容的基础。它强调了定期运动的价值、肌肉的自主性，以及肌肉作为调节器的作用。虽然科学家才刚刚开始研究什么类型的运动会影响内部时钟，及其影响内部时钟的方式，但是仅仅是策略性训练计划，特别是抗阻训练，可以设置和重置内部时钟的这一想法以及其中的意义，就足以让科学家和实践者感到兴奋。

与其他系统同步

肌肉时钟能够让肌肉与身体其他系统同步。由于肌肉在系统以及全身生理机能方面具有重要的作用，肌肉与其他系统同步的能力对人类的健康与运动表现有广泛的影响。骨骼肌时钟影响其他系统的能力表明，定期运动在整体的健康以及运动表现方面有着深远的影响。

在抗阻训练中的应用

很明显，肌肉时钟影响着整个身体的生理节律。然而肌肉时钟夹带和抗阻训练之间需形成一定的联系。虽然与心血管训练对肌肉时钟的影响相比，能够论证抗阻训练影响肌肉时钟功能的数据较少，但确实存在。

抗阻训练影响人体骨骼肌时钟的初步证据表明，进行一次抗阻训练之后，股四头肌分子时钟基因的表达发生了变化[27]。数据显示，在80%1RM的前提下，重复10组单侧膝关节伸展，每组练习8次，组间休息3分钟，足以改变核心基因时钟的表达。进行高强度抗阻训练后，研究人员分别在6小时和18小时内对运动的腿部肌肉进行分析，结果表明，基因受到了影响。然而在检查未运动的腿时，研究人员发现，肌肉时钟基因的表达并没有出现显著变化。结果表明，抗阻训练，特别是收缩活动，会影响肌肉时钟基因的表达。由此可见，肌肉收缩与人体肌肉时钟基因的表达之间存在交互关系，也阐明了抗阻训练可作为骨骼肌分子时钟机制的时间线索。综上所述，抗阻训练可作为设置外周时钟的主要线索。然而，我们需要通过更多的数据来理解这种关系。

科学家研究了抗阻训练对肌肉时钟夹带的影响[27]，其结果进一步论证了这样一个观点：肌肉等外周组织的生理节律与主时钟之间没有关联。这些数据进而清楚地论证了另一个观点：肌肉时钟能够对系统的运动做出反应，其中包括抗阻训练，以及重新计划持续计时运动。外周时钟可以运用与光线无关的信号，如肌肉收缩，来进行自我调节。这进一步论证了肌肉是自主的调节器而不仅仅是效应器这一新思路。

为肌肉提供时间线索

在训练计划中，时间就是一切。例如，我们不仅需要用几个月的时间来制订周期计划、在抗阻训练以及心血管训练之间安排恢复时间，还要为组间休息安排时间。时间对肌肉时钟来说十分重要。可以预见的是，与运动相关的肌肉的日常负荷/无负荷时间，及其相关的代谢变化，是构成局部肌肉夹带的关键因素。

运动为肌肉提供了时间线索，这些时间线索被用来夹带肌肉时钟以及组织，以达到优化运动表现的目的。如果我们能在大约一年的时间内正确地为训练计划变量拟定时间，并在正确的时间内达到最佳表现，就能够制订成功的周期化训练。虽然在运动科学中，计时并不是新兴的概念，但它是该领域的基础。人们提出了新的观点：运动的时间，从训练的频率到训练与组别之间的间隔时间，甚至是组间的休息时间，都可以用作夹带线索，从而让肌肉与其他组织进行自我调节。这一观点相对较新，然而有证据表明，如果每日在不同的时间运动，生理节律将会发生变化[9]。

日常运动的时间及频率会影响整个身体的生理节律[2]。这些数据虽然有限，但也说明了运动时间能够很好地稳定整个生理节律系统的日常节律。

节律基因会在一天中最活跃的时间启动与肌肉相关的细胞活动，并就此做出反应。大鼠的骨骼肌中，许多节律性基因的表达都出现在活动阶段的中点[13, 14]。大鼠的活动期与人类的白天相似。两项研究[13, 14]表明，这些基因分别在大鼠活动期中点以及人类的中午达到峰值状态。由于大鼠的活动是通过转轮来反映的，这些发现进一步论证了运动或活动也许有助于诱导骨骼肌基因的节律性表达。对人类而言，这意味着定期的跑步或慢跑可以改变骨骼肌的生理节律[26]，在骨骼肌中，节律性基因表达的周期或许会受到运动活动节律的调控。

如果运动可以改变骨骼肌的行为，那么我们需要理解其究竟是如何改变的。在一项研究中[9]，在灯光亮起4小时后，对小鼠在每天光照阶段进行2小时的心血管训练。请注意，灯光亮起后的4小时是一项很重要的参考。对人类来说，这相当于起床后的4小时。运动时间与开灯时间之间的关系很重要，因为以往的研究已经表明，对人类，醒着与运动表现之间的时间关系十分重要[13, 14]。研究人员发现，在小鼠的三种不同骨骼肌中，全部时钟基因的表达都发生了显著变化，然而视交叉上核中的分子时钟却保持不变[9]。骨骼肌时钟和主时钟的不同表达再次表明，在不影响主时钟的前提下，定期的运动可以改变外周组织的分子时钟。这是另一项论证骨骼肌自主性的研究。

最后，一项研究表明，肌肉的类型决定了运动对相移肌肉时钟的影响[26]。短屈肌（指肌）的生理节律期要比趾长伸肌（指肌）以及比目鱼肌（小腿外侧肌肉）的生理节律期提前很多，这一发现表明，单个肌肉中，分子时钟的调控或许存在差异。

形成肌肉预测

就肌肉时钟的发现而言，骨骼肌预测环境变化的能力，及其预测变化之前进行必要的细胞变化的能力，也是重要的方面。虽然能够论证肌肉预测的研究数量较少，但研究前景却很好。一项研究以接受定期训练的马匹为调研对象，检验了肌肉能否预测即将到来的训练课程[15]。结果表明，在制订规律的运动时间前，将三磷酸腺苷合成为能量的关键因子——解偶联蛋白3（UCP3）的表达就已经达到了峰值状态。这些数据表明，肌肉预测了运动训练。这一举措直接刺激了在运动过程中产生的抗氧化反应。根据预期，解偶联蛋白3的表达在预定的运动前表达。因此，当氧化应激（自由基和抗氧化剂之间的失衡）达到最大时，就能够产生足够的解偶联蛋白3来应对运动。

这些发现从根本上支持了肌肉能够预测运动训练的观点。从中我们可以看出，肌肉不仅能为即将到来的预定训练做准备，还能在运动开始前激活相应的肌肉机制。这一发现阐明了肌肉中的预测过程，进而论证了这样一种观点，即抗阻训练的时间安排可以让肌肉更好地为训练做准备。

　　尽管墨菲的研究[15]数据采自接受定期训练的马匹，但还是可以将其中的结果谨慎地应用于人类。科学家进行了一项研究[23]，旨在确定日常的训练时间是否与表现的改善相对应。参与者被分配到早上（上午7~8点）或晚上（下午7~8点）的训练组。两组都完成了4项力量与爆发力的测试：单侧等距最大主动膝关节伸展、下蹲-跳跃、反向跳跃以及温盖特测试。在为期6周的抗阻训练中，分别于早上7点和晚上7点进行所有测试。每周安排2天的抗阻训练，2次训练之间至少间隔48小时。训练内容如下：卧推、深蹲、坐姿伸膝练习、俯卧屈膝练习以及俯卧直臂上拉；每种练习进行2组，每组重复10次。训练的前2周，参与者需要在50% 1RM的重量下进行所有练习，然而最后4周，他们会在60% 1RM的重量下进行所有练习。参与者组间休息2分钟，5项练习之间各休息3分钟。研究结果表明，参与者在同一时间内获得了与定期训练一样的最佳训练表现。由此可见，人类也具备某种计时预测机制。

　　就肌肉预测而言，索伊西及其同事[23]的研究很有前景。然而，在将研究结果应用于有抗阻训练经历的成年人时，需要注意的是，该研究的对象为未经训练的儿童。该领域的进一步研究不仅有利于揭示训练有素的运动员的肌肉是否具备预测功能，还能确定抗阻训练的时间安排与最佳表现之间的关系。

改善个体生理时钟

　　运动影响骨骼肌的分子时钟，而分子时钟能够调节骨骼组织的生理活动，使骨骼肌发生相移，重新进行有规律的运动。然而在运动训练期间，需时刻考虑个体生理时钟，即人与人之间的个体差异。个体生理时钟影响训练的有效性、安全性以及结果。本部分涵盖了全人类共有的一些生物学相似性，然而其中的重点在于，探讨个体生理时钟或每个人在睡眠-苏醒模式这一点上的自然倾向，以及他或她最为警觉且表现最好的日常时间。

　　有些指标，如睾酮峰值水平，在所有人身上都是相似的。睾酮水平早上最高，下午晚些时候开始下降，傍晚时达到最低点。一方面，体温在下午4~6点达到峰值，与此同时，正是因为这样，大多数人的肌肉力量、速度和柔韧性会在下午4~6点达到峰值状态。

另一方面，早上到中午的这段时间内，肌肉耐力和持久力均达到了峰值状态，精神敏锐度则在中午达到峰值状态。因此，为了获得最佳效果，通常在早上到中午的这段时间内进行心血管训练，而专项训练最好在中午进行。

肌肉监控着激素水平、组织柔韧性以及每个人特有的其他事物，如睡眠和饮食模式以及人们最为警觉的日常时间。例如，那些被称为"夜猫子"的人的生理时钟表明，他们在晚上最为警觉，这种状态有时甚至一直持续到深夜。警觉性受制于生理时钟，会影响时钟夹带和训练效果。虽然大多数人体内的睾酮水平都较为稳定，但偶尔也会发生生理上的变化。因此，当我们了解个体的活动－休息以及饮食模式后，这将有助于设计出最有效的抗阻训练计划。

一项研究[10]表明，在确定最佳表现时间时，需要根据睡眠开始时间、睡眠持续时间和苏醒时间来考虑运动员的生理时钟。从这个角度讲，生理时钟与抗阻训练计划的相关性得到了论证。这项研究中，运动员需填写一份关于睡眠－苏醒模式的新式调查问卷；接着，根据问卷结果，将运动员归类到三个以生理节律性生理时钟来划分的组别（早期、中期和晚期）当中；然后，运动员需按照要求进行Beep体能评估——一项渐进的有氧心血管耐力测试，以估计最大摄氧量。这些测试在一天内进行了6次，研究结果表明，取决于个体生理时钟，运动员分别在不同的日常时间获得了最高的测试成绩。例如，节律性生理时钟较早的组别在中午前后表现最好。正如人们所认为的那样，生理时钟较晚的组别得到了不同的结果，中期节律性生理时钟组的表现在下午6点左右达到峰值状态，而节律性生理时钟较晚的组别在晚上9点表现最好。这些结果强调了个体时间生物学在骨骼肌活动中的重要性。如果我们能在适当的时间进行训练和比赛，骨骼肌的表现就能得到最大的改善[10]。

众所周知，一天的时间对骨骼肌的表现是非常重要的。就人类而言，超过20项研究表明，与早晨相比，下午4~6点骨骼肌的力矩、力量和爆发力都更大[28]。值得注意的是，比起疲劳等神经因素，骨骼肌周期与组织本身的每日周期之间的相关度更大[22]。

小结

肌肉组织具有较强的适应能力。通过调节蛋白合成与细胞活动的途径，肌肉质量能够适应不同的环境条件。外部刺激，如定期抗阻训练，可以加快肌蛋白合成的速度，并引起积极的肌肉变化，包括肌肉质量、力量与速度方面的提升。不断涌现的数据论证了肌肉的自主性以及肌肉在全身节律中的作用。考虑到肌肉是人体中最丰富的组织，这完全合乎逻辑。相反，认为肌肉只是中枢神经系统指令的效应器，这一观点已经不被认可。肌肉既智能又自主，这是由独立的肌肉时钟和一系列独特的基因所证明的，这些基因根据环境和定期的抗阻训练来表达自己。此外，肌肉有能力预测即将进行的训练，并激活与肌肉表现结果相关的预期分子反应。

第**2**章 | 克服混乱、困惑与干扰

抗阻训练和心血管训练是两种相互竞争的运动模式，它们会引发不同的肌肉分子作用。当我们在一次训练中甚至在同一天进行抗阻训练和心血管训练时，肌肉表现可能会受到不利的影响。本章不仅探讨了干扰理论及其机制，并探索了制订抗阻训练的方法和计划，从而让我们更好地避免相关的干扰。

分子竞争

多数运动员和健身爱好者都会进行同步训练，即在同一节训练或同一天中进行抗阻训练和心血管训练，以实现多种训练目标。同步训练被定义为在同一节或同一天的训练过程中或计划中，在心血管训练的同时进行某种形式的抗阻训练，如慢跑、骑行或冲刺间歇训练。在运动或健身过程中，运动人士需通过同步训练来让自己的各个方面达到最佳的状态与表现。然而，大多数运动员、健身爱好者、私人教练、体能教练以及从事研究的科学家们仍然在思考一个问题：同步训练能实现多个目标，还是会适得其反？

或许答案存在一个事实之中，即肌肉是智能的。肌肉知道抗阻训练和心血管耐力训练的区别。此外，它们也清楚相同的肌肉在两种不同的练习（如深蹲与弓步）中会受到不同的影响。除了区分不同的训练和运动的类型外，肌肉也可以识别不同的运动强度。例如，俯卧撑分为两种类型：常规俯卧撑和快速伸

缩复合式俯卧撑。

　　肌肉很聪明，可以识别模式、频率、训练量和强度等训练条件。然而，它们希望保持一致性。肌肉通过自身内部肌肉时钟（参见第1章内容）来协助自己找到一致性。有了肌肉时钟的协助，肌肉便可通过定期的训练计划找到和日常时间以及训练类型相关的线索。肌肉从训练条件中寻找线索，以确定如何通过激活分子机制来做出反应，从而有助于提升有氧耐力、力量或爆发力以及增肌。抗阻训练和心血管耐力训练的效果分别由不同的分子作用所介导。当训练混乱或设计不佳时，肌肉就会处于"困惑"的状态，它们不知道该激活哪项功能。于是，它们停止工作，所有的结果都受到了负面影响。有氧耐力和力量改善的机制相互矛盾，削弱了训练的积极效果。

　　在混乱、没有计划的训练条件下，肌肉无法预测运动需求。如果抗阻训练安排在一天上午的11点进行，几天之后又随意安排在下午6点进行，一周后安排在上午8点进行，那么肌肉就无法利用它们内部的24小时时钟来预测接下来的事情，它们不知道何时应该准备与增肌、力量和爆发力以及有氧耐力结果相关的分子作用。

干扰理论

　　科学家以干扰理论为基础，研究了分子竞争的相关领域。干扰理论是一种有科学依据的观点。该理论认为，个人在训练期间，增肌、力量和爆发力的长期生理适应与有氧耐力的效果将在一段时间内形成相互竞争的关系。因此，如果在同一训练中甚至同一天进行心血管耐力、增肌、力量以及爆发力训练，最终的效果或许会适得其反。

　　干扰理论可以追溯到1980年，当时罗伯特·希克森博士第一次在同一训练中检测有氧运动和抗阻训练的竞争效应。第一项关于干扰的研究结果表明，同时进行持续10周的有氧运动和抗阻训练后，在高强度和大训练量的模式下，腿部力量都会受到影响[11]。

　　自1980年以来，用于检验干扰理论的研究方法得到了显著的改进。然而，总体情况与观察结果相一致，即同步训练会对增肌、力量以及爆发力产生负面影响。

心血管耐力训练

心血管耐力训练在有关分子竞争、肌肉混乱以及干扰理论的研究中被作为独立变量使用。为了了解同步训练的研究与数据，有必要从操作的角度来定义心血管耐力训练。考虑到本章的目的，心血管耐力训练将被定义为有氧或无氧训练，旨在改善心血管系统与肌肉表现。在所有关于同步训练的文献中，心血管耐力训练的方法之间存在着很大差异——既有长达20~80分钟的持续性训练（CT），也有短时间的高强度间歇训练（HIIT）。

肌肉耐力

肌肉耐力指肌肉或肌群保持反复收缩以对抗阻力的能力。有了肌肉耐力这一关键概念，才能更好地理解与应用和分子竞争、肌肉混乱以及干扰理论相关的数据。肌肉耐力对运动表现和健身的成功有至关重要的影响。一块有氧耐力较强的肌肉可以在较长的时间内反复收缩。

肌肉耐力通常被视作心血管训练或有氧训练的产物；然而，高重复次数的抗阻训练方法也能够改善肌肉耐力。无论哪种情况，都需要面临一个问题，即经过有氧耐力训练的肌肉能在需要的时候产生力量与爆发力吗？答案似乎取决于心血管耐力训练与抗阻训练的安排。同时，这也是本章其余部分将会探讨的重点。

肌肉激活模式

多年前，在运动科学和训练领域，肌肉混乱被推广为间歇或间歇性交叉训练，也就是说，不同类型的运动，如慢跑与骑行，在一个或几个不同的时段进行，以改变所使用的动作和肌肉。交叉训练可以减轻关节与肌肉所承受的压力，防止由过度使用造成的伤害，并以多种方式锻炼肌肉，然而从科学的角度讲，该训练形式并不等同于肌肉混乱。同时，肌肉混乱也不是为了混乱肌肉而在一次训练中快速地进行不同的运动。

肌肉混乱指微观层面上的干扰理论。这从分子层面解释了为什么同步训练会干扰抗阻训练。请记住,肌肉是有智慧的,它们会像人一样感到困惑。思考一下这个例子:如果一名运动员走进一个高级训练中心,准备进行力量举训练(包括深蹲、卧推和硬拉),但健身房的地板上却摆放着瑜伽垫,对此,他会感到困惑。运动员不知道该如何进行练习。肌肉也是如此。当两种相互竞争的运动方式,如抗阻训练与心血管耐力训练,都在30分钟内完成,肌肉便会在分子层面上处于混乱的状态。因为提高抗阻和耐力相关的变化是不同的,肌肉根本不清楚该做什么。最后,干扰介入,训练效果也因此而受到不利影响。

虽然我们都清楚,同步训练是在细胞层面上进行的,但与肌肉相关的各种训练方式仍然很重要。在这种情况下,需采用不同的运动生物力学而非不同的运动模式来改变训练量。生物力学方面相类似的运动可调用相同或相似的肌肉,然而它们通过不同的方式激活这些肌肉。不同的运动模式能够调动同一块肌肉内不同的肌纤维束。例如,深蹲和卧蹬均可训练腿部和臀部的肌肉。然而每一项运动都会激活同一块肌肉中不同的肌纤维束。最终,会让整个肌群得到更全面的运动。

为了将肌肉混乱这一术语的流行用法和干扰理论进行完全地区分,我们需要理解肌肉激活的顺序。肌肉激活的顺序如下。

1. 在运动过程中,肌群中的单个肌肉被顺序激活。例如,在卧蹬练习中,膝关节的肌肉开始运动之前,髋部肌肉就开始活动了。

2. 在运动过程中,肌肉中的肌纤维束被顺序激活。在不同的运动项目中,肌肉中的单个肌纤维的激活方式也各不相同。

在不同的运动中,肌肉的失活或收缩释放的顺序也不同。失活取决于肌肉在运动中被调用或收缩的时长。

生物力学方面相类似的运动会通过独特的顺序来调动肌肉以及肌纤维。因此,虽然不同的运动有相似的机理特征,并且可用于运动相同或相似的肌肉/肌群,其中的方式却是不同的。

肌肉中的肌纤维按照从缓慢收缩(耐力纤维)到快速收缩(增肌、力量和爆发力纤维)的顺序被调动。一般情况下,运动越快,完成运动所需的力量就越大,所调用的快速收缩肌纤维也越多。在许多运动中,如步行,快速收缩肌纤维的活动量最少。然而,跳箱和负重前蹲练习调动了很多快速收缩肌纤维。运动的机制、强度(重量、收缩速度，或两者兼有）以及活动度决定了肌纤维调动及释放的顺序。

　　例如，尽管原理是一样的，负重深蹲还是调动了比传统的非负重深蹲更多的快速收缩肌纤维。当外部重量以及运动强度有所增加时，会调动更多的快速收缩肌纤维。在整个活动度内，这些肌纤维随后将按顺序逐一得到释放，以维持强有力的收缩，进而让运动员能够自由地掌控运动的进程。

竞争性肌肉适应

　　人们普遍认为，抗阻训练与心血管耐力训练之间的长期肌肉适应呈相互竞争的态势。历史数据与当代数据都支持这样的结论：总的来说，干扰是指心血管耐力训练会对增肌、力量和爆发力目标产生不利影响（参见图2.1）[3-6, 10, 20]。随着科学的不断发展和对干扰现象的研究，人们提出了一些机制，如短期的化学变化、肌肉结构或形态的长期变化以及代谢或生化过程的变化。本章的后面将详细探讨干扰的机制。

　　在了解干扰的机制之前，必须先熟悉揭示干扰的研究方法。首先要认识到的是，如果分别在不同时段进行训练，而不是只进行一次训练，就更有可能看到分子竞争。这种差异非常重要，因为希克森在1980年采集了与同步训练相关的原始数据，而这些数据主要强调了单一训练课程的效果。这项早期的研究旨在确定在几分钟的时间内是否同时存在抗阻训练和心血管训练两种机制。最初，研究人员定了一些目标，隔离同步训练后1~1.5小时内发生的短期肌肉变化，因为这种类型的训练会带来干扰。有了这个策略，我们才能确定训练课中所发生的事情，然后再进行长期的计划调整。

　　相比之下，当代人对同步训练的耐力与抗阻训练对增肌、力量及爆发力的影响的兴趣，在几天、几周甚至几个月后都转移到了效果上。其中的原因在于，长期数据比单次训练的结果更适用于周期化训练、运动表现以及精英健身计划。

图2.1 抗阻训练、长时间有氧耐力训练和冲刺间歇训练之间的竞争性长期肌肉适应，以及干扰机制
源自：Wilson et al., (2012).

心血管训练干扰抗阻训练

以希克森自1980年以来进行的大量研究工作为基础[11]，并由威尔逊等人汇总后[20]，现如今，人们普遍接受这样的一个结论：心血管训练降低了抗阻训练的质量。因此，同时进行心血管训练与抗阻训练会大大降低肌肉生长、力量与爆发力改善的可能性（参见表2.1）。

表2.1　长时间进行心血管训练在增肌、力量与爆发力提升方面的剂量-反应效应量

心血管训练	剂量-反应效应量*		
	增肌	力量	爆发力
1天/周	1.2	1.7	0.9
3天/周	0.8	1.1	0.3
5天/周	0.5	0.4	N/A

*数值越低，心血管训练对增肌、力量与爆发力的负面影响就越大。
源自：J. M. Wilson et al., (2012).

如果同步训练的设计不当，增肌、力量与爆发力改善的效果将受到不利影响。然而，在任何全面的训练计划中，增肌、力量与爆发力改善的效果往往最为人们所关注。与此同时，它们也能够给表现带来重要的影响。如果肌肉不能持续或反复地承受高强度的收缩，就不可能进行力量训练。

在制订抗阻训练的时间安排时，应考虑同步训练给抗阻训练目标造成的负面影响。与干扰相关的分子机制受制于时间的安排。希克森对干扰的初始研究表明，同步进行心血管训练会减少增肌。这些数据与能够表明提高力量表现的分子机制需要至少3小时才能复位的证据相关联[12]。因此，如果在同一次训练或3小时内相继进行心血管训练以及抗阻训练，最终的效果会适得其反。同步训练会带来混乱以及干扰。另一项研究表明，分子机制需要接近6~24小时的时间才能完全复位并避免干扰[17]。由此可见，当我们在相隔较短的时间内相继进行心血管训练和抗阻训练时，增肌、力量以及爆发力的改善效果便会受影响。

肌力生成能力

科学家通过肌力生成能力（MFGC）研究了同步训练对肌肉力量以及爆发力的影响。肌力生成能力是一种直接测量肌肉力量的方法。由于爆发力是力量和速率或速度的产物，我们也可以通过肌力生成能力来确定心血管训练对爆发力的影响。最重要的是，除了确定同步训练是否会削弱力量或爆发力外，研究人员还运用肌力生成能力来衡量其中的影响程度。

力量训练的结果受到不利影响

同步训练给力量训练的结果带来了负面影响，并且同步训练对肌肉爆发力的负面影响最大。历史数据为阐明心血管训练有利于改善肌肉力量的公认理论提供了基础[4]，而当代研究继续支持这一观点[5, 12]。在为期4天的测试阶段内，当研究人员对肌力生成能力进行分析时发现，高强度下肢力量训练以及心血管训练结合在一起，力量会减弱[5]。对运动员和精英健身爱好者来说，更重要的是，如果每周只进行两到三次低训练量的心血管训练，肌肉的爆发力就会因此而削弱[10, 15]。

很明显，当心血管训练和抗阻训练相结合时，增肌、力量与爆发力方面的改善微乎其微，这让运动表现训练陷入了严重的困境。然而，与时间依赖性竞争机制相关的新研究表明，策略性的训练计划有助于避免干扰。

竞争机制

所有训练计划都以训练变量为核心，这些变量随时间而变化。以经典的周期化训练为例，教练和教员会通过时间和变量之间的关系来进行调整，从而制订一个能够实现最终目标的计划。此处，在用来实现峰值表现的计时同步训练的背景下，我们就计划变量展开了探讨。科学家对包括频率、持续时间和定期休息（或恢复）在内的变量进行了分析。他们以心血管训练为背景，就这些变量展开了探讨。训练量被定义为数周或数月内心血管训练的频率和持续时间的总和，它是避免干扰的关键因素。

频率

训练频率指一种运动模式执行的频率。频率通常以每周的天数来表示。此外，如果当天安排了多节训练课，我们也可以用当天的训练次数来表示频率。请记住，肌肉时钟和主时钟能够为肌肉制订24小时的时间表。它们每24小时便会监控训练活动的频率，以预测接下来的时间安排。时间表确定之后，时钟便清楚何时应该启动与心血管耐力训练或抗阻训练，甚至是与休息相关的分子作用。

虽然每种训练的频率与训练量都是重要的计划因素，但就避免干扰而言，心血管训练的频率似乎是最为重要的因素[20]。然而，差异并非完全取决于心血管训练的频率，重要的是一种训练模式（心血管训练与抗阻训练）相对于另一种训练模式的频率。

我们往往会忽视心血管训练相对于抗阻训练的频率。对此，我们做了一个假设：如果这两种类型的训练是在不同的训练项目中进行的，时间安排得刚刚好，竞争机制也不会启动；然而，现实并非如此。如需成功地避免干扰，就必须满足具体的计时要求。当运动员需要每24小时进行一次以上的训练时，相应的指导方针如下：开始另一项训练之前，以及任何一项训练结束后，至少休息3小时。此外，心血管耐力训练和抗阻训练之间应安排6~24小时的休息时间[19]。

持续时间

整个训练计划、个体训练或每个训练部分（即心血管训练或抗阻训练）的时长均可反映训练的持续时间。单次训练的持续时间和频率决定了其中的总训练量。心血管训练量是决定抗阻训练结果受干扰程度的重要因素。一般情况下，心血管训练的持续时间应保持在20~40分钟，以免让增肌、力量与爆发力的改善受到干扰[12, 16, 20]。

恢复

在训练频率的基础上，我们不仅可以推算出进行体育活动的天数，还能知道恢复的天数以及活动－休息周期。记住，肌肉时钟负责监控活动－休息周期，它们不仅在寻找线索，还清楚什么时候开启与训练效果或休息以及恢复相关的分子机制。

策略性的训练计划需涵盖休息与恢复的时间。只有在两次训练之间安排好恢复的时间，才能让肌肉在训练中达到最佳状态。为了获得最佳的训练效果并防止训练过度，运动员需要定期休息。如果休息太少，肌肉就不能够完全修复，最终不仅训练效果甚微，还有可能引起受伤；但是如果休息的时间过多，就会导致训练不足。

一般的指导方针认为，完成高强度的抗阻训练（任何高于80%的1RM训练）后，肌肉需要大约48小时的休息才能将力量恢复至基线水平[5]。但是，休息时间过长也有不利影响，因此，休息时间不应超过96小时。因为在此之后，生理层面上的停训过程就开始了[2]。

我们可以将积极性恢复当作一种计划和训练工具。这种工具不仅能够为肌肉时钟提供一致的活动－休息线索，还涵盖了节奏分明的有氧运动（如低强度心血管训练）以及非负重运动（如游泳、短时高强度耐力训练）。

干扰机制

虽然有充分的证据表明，心血管训练的长期适应会干扰同步训练期间的增肌、力量与爆发力的训练效果，但人们对这些机制的性质以及它们竞争的原因知之甚少。科学家正在进行相关研究，他们就干扰这一方面提出了几种可能的解释——干扰分为结构性、代谢性或两者兼而有之。总的来说，干扰机制分为以下4种类型：肌肉收缩力（代谢）、延迟性肌肉酸痛（结构和代谢）、睾酮水平（代谢）、皮质醇和血乳酸水平（代谢）。

肌肉收缩力

长时间的心血管训练会干扰肌肉的收缩能力，收缩力削弱之后，肌肉生长、力量与爆发力改善的可能性也会大大降低。因此，从运动表现的角度讲，心血管训练的频率和持续时间非常重要。

肌肉收缩力是干扰机制的第一个也是最明显的解释。长时间的心血管训练，如慢跑，会对肌肉有效收缩的能力产生不利影响。收缩能力削弱之后，力量的提高也会受影响[4]。这一观察无疑支持了这样一种观点：当我们将抗阻训练安排在心血管训练之后时，力量的改善会受到不利影响。

然而，肌肉收缩力也受恢复时间、运动模式的强度、心血管训练的频率与训练量的影响。也就是说，研究表明，我们可通过策略性计划这种可能的竞争机制来控制肌肉收缩性，因此，有必要让其他因素发挥相应的作用。

延迟性肌肉酸痛

延迟性肌肉酸痛（DOMS）是干扰机制的另一种结构性解释。延迟性肌肉酸痛会引发一系列事件。例如，肌纤维遭到微观破坏后，力量的增加就会受影响。一项研究表明，发生延迟性肌肉酸痛的时候，力量会随着运动员的酸痛而减弱[1]。延迟性肌肉酸痛不仅会对肌肉造成结构性伤害，还会对肌肉力量产生负面影响；然而，值得注意的是，参照性研究中的受试者都才刚刚开始运动[1]。当我们将该研究成果应用于运动员或体能很好的人时，应该持谨慎态度，因为有研究表明，未经训练和训练有素的人在长期和短期训练适应方面存在差异。

撇开健康水平不谈，我们有理由认为，延迟性肌肉酸痛会让肌纤维受到微观层面的伤害。无论肌纤维受到何种伤害，肌肉的最佳收缩和力量的提升都会因此而受到负面影响。

收缩力受延迟性肌肉酸痛的影响，但也有其他的一些代谢因素会引起如基质耗竭、蛋白质分解增加这样的干扰现象[4, 6]。基质耗竭指三磷酸腺苷、磷酸肌酸（PCr）、肌糖原和血糖的减少。这些基质的损耗会在训练过程中损害肌肉功能，并对增肌、力量和爆发力的改善产生不利影响。

长时间肌肉运动中的蛋白质分解也会引起延迟性肌肉酸痛，进而降低力量训练的效果。然而很明显的困境是，蛋白质是锻炼肌肉所必需的。因此，当蛋白质耗尽时，增肌、力量以及爆发力表现都会受到不利影响。

睾酮水平

睾酮水平是干扰机制的另一种可能的干扰解释。睾酮水平对增肌、力量与爆发力的改善有至关重要的影响。

为了确定同步训练如何影响睾酮水平，研究人员测量了在三种不同训练模式下的睾酮浓度[16]：只进行力量训练、只进行同步训练（心血管训练和力量训练同步），或者只进行心血管训练。最后的结果表明，只有单独进行力量训练的时候，睾酮水平才会增加。正如预期的那样，在只进行心血管训练以及进行同步训练的组别中，睾酮水平均出现了下降的迹象。

睾酮水平与肌肉生长、力量以及爆发力效果之间存在直接的关联。睾酮水平越高，对肌肉生长、力量与爆发力的改善就越大。因此，如果同步训练降低了睾酮水平，那么不论从长期还是短期的角度来讲，力量训练的效果都会受到很大的影响。这些指标的下降将长期地影响人们在训练和比赛中的表现。同步训练中睾酮水平有所下降的这一发现十分重要，因为当我们致力于改善肌肉生长、力量以及爆发力时，这会给计划带来深远的影响。

皮质醇和血乳酸水平

皮质醇和血乳酸水平是决定同步训练的有效性（或有效性的缺失）的额外代谢因素。当睾酮水平高到可以引起增肌、力量与爆发力的改善时，皮质醇和血乳酸的浓度正好与之相反。为了不对肌肉与力量的增加造成干扰，这些成分的浓度通常维持在一个较低的水平。

最近的一项研究观察了同步训练对休闲运动员的肌力生成能力、睾酮水平、皮质醇和血乳酸浓度的影响[12]。该项研究的结果有助于我们进一步地理解同步训练中竞争机制的表现方式。研究人员比较了单独的力量训练和心血管训练前的力量训练以及力量训练前的心血管训练之间的差异。需要注意的是，相较于同步训练，该研究以训练的顺序为重点。研究表明，与之前收集的数据相反[16]，在上述三种训练条件下，睾酮水平均有所增加。或许是因为收缩力的削弱，当心血管训练先于力量训练时，肌力生成能力会受到不利影响，这不足为奇。

经过研究，科学家又得到了一项新发现：如果在力量训练之前安排心血管训练，皮质醇和血乳酸水平就会升高。最重要的是，同一次训练课中，如果心血管训练安排在力量训练之前，肌肉力量就会削弱。此外，力量训练前的心血管训练也会通过提高皮质醇和血乳酸水平来干扰增肌、力量与爆发力的改善，进而干扰与期望的表现效果相关的分子适应。

避免干扰

很明显，发生干扰时心血管训练会阻碍增肌、力量与爆发力的改善。问题是，心血管和肌肉耐力都需要通过体能训练来得到改善。幸运的是，当我们策略性地运用心血管训练相对于抗阻训练的模式、频率和持续时间时，上述问题便能迎刃而解。本章的其余部分将着重介绍特定的解决方案，旨在克服干扰以及最大限度地提高运动表现。

频率

为了避免干扰，我们需要为抗阻训练和心血管训练制订不同的时间安排。如果一个计划当中包含了力量与心血管耐力方面的目标，那么每两种运动模式之间最好相隔一天[5]。这并不是说只要在不同的时间进行抗阻和心血管方面的训练问题就解决了，交替日期训练仅仅是制订计划的第一步。这是一个很好的开始，也是一项简单的计划建议，但是当我们仔细检查数据时就会发现，每种训练模式的推荐频率更为复杂。

抗阻训练

虽然心血管训练的频率决定了是否引起干扰，但我们也应该将抗阻训练的频率纳入考虑的范围之内。每周应该安排2天或3天的抗阻训练。训练的强度以及训练的分解（每天运动不同的肌肉）也会带来一定影响。每周3~5天的明确划分与相关数据保持一致。这些数据表明，抗阻训练频率的增加并不能提高力量[8]。这也与一个定义明确的训练计划相符合：当我们为相同的肌肉制订高强度（通常定义为>80%的1RM）抗阻训练时，每节训练课之间应安排48小时的休息时间[5]。

心血管训练

心血管训练的频率是干扰理论成立的主要原因之一。研究人员提出了一个与计划相关的建议，即将心血管训练频率限制在每周3天以内，以尽量减少对力量的影响[20]。此外，单次心血管训练的时间不应超过40分钟[16]。然而更为保守的估计表明，建议将单次心血管训练时间控制在20分钟以内，最多不超过30分钟[20]。

心血管训练的类型决定了该训练对增肌、力量与爆发力效果的影响程度。研究表明，慢跑或跑步训练对肌肉收缩性的负面影响更大。因此，相较于骑行，慢跑或跑步训练对抗阻训练的效果影响更大[17, 20]。因此，建议在同步训练计划中引入骑行练习，而不是慢跑或跑步训练。

或许，我们很容易就可以将骑行训练当作一种计划方案，然而重要的是，我们需要理解这种练习与同步训练之间为何有如此高的契合度，且有利于增肌。对此，科学家提供了一种简单的解释，即骑行不涉及离心作用。众所周知，离心作用会对肌纤维造成更多的微观伤害，因此，在抗阻训练中，离心收缩比向心收缩更容易造成干扰。除了没有离心收缩外，骑行还能通过与耐力训练相似的方式给肌肉施加负荷。骑行的时候，自行车零部件的器械抗阻可以起到外部重量的作用。双脚用力蹬车，车轮随之转动，就像在做负重的弓步。

训练量

心血管训练量——多久一次（频率）和多长时间一次（持续时间）似乎决定了该训练对抗阻训练的干扰程度。心血管训练所花的时间会影响肌肉收缩力，从而影响肌肉所产生的力量。为了尽量减少心血管训练对运动表现的负面影响，建议心血管训练只安排20~30分钟[20]。然而，长达40分钟的低强度心血管训练也是可以接受的[17]。

强度

心血管训练量的变化受其强度的影响。运动强度越低，持续时间就越长。肌肉损伤的程度与耐力训练的强度直接相关[5]。这一结论对抗阻训练的效果而言十分重要。具体来说，中等强度和高强度的心血管训练削弱了力量训练的有效性。因此，如果我们的目标是在训练中改善增肌、力量以及爆发力的效果，建议采用强度较低的心血管训练（最大心率的40%~50%）[5]。

实际的考虑因素和训练目标将影响低强度心血管训练的效用性。对每位练习者来说，需要确定低－中等强度的耐力训练是否足以实现整个计划的目标。或许，我们有必要定期进行中等至高强度的训练。此外，应根据具体情况加以考虑，并根据休息与恢复阶段的指导方针来确定相应的时间。

相互竞争的运动模式之间的恢复

当我们在30分钟内完成抗阻训练与耐力训练时，细胞之间的竞争达到峰值状态[4, 17]。这时的干扰最大，因此，增肌、力量以及爆发力方面不会得到任何改善。

总的来说，当抗阻训练与耐力训练之间相隔6小时或更长时间时，与只进行抗阻训练的组别相比，同步训练组的肌肉生长速度更快[17]。当我们在两次训练之间安排24小时的休息期时，整个肌肉的尺寸会增加一倍。该结果表明，正如肌肉时钟的发现所怀疑的那样，同步训练并不会引起干扰，而两种训练模式相隔的时间才是引发干扰的原因。

整体的增肌效果只能用作粗略的表现指标，因此，在解释这些发现时，应持谨慎态度。然而，这些数据具有重要的意义，因为它们呈现了相关的初步证据，这些证据很好地论证了时间安排对抗阻训练的重要性。

基线力量恢复

高强度力量训练后，肌肉需要48小时来恢复基线力量。这一发现以采自膝伸肌力矩（KET）的数据为基础，此外，该数据表明，高强度力量训练后的两天内，膝伸肌力矩与肌力生成能力均受到了不利的影响[5]。数据显示，在高强度（通常定义为≥80%的1RM）力量训练后，运动员需要休息48小时才能完全恢复[5]。因此，仅从抗阻训练的效果来讲，最好隔天进行高强度力量训练。

高强度间歇训练

连续的耐力训练会干扰增肌、力量以及爆发力的改善效果。近40年前的历史数据也表明了这一现象。然而，研究表明，在70%的最大摄氧量（$\dot{V}O_2max$）的平均强度下，能持续时间长达70分钟的有氧训练！单从人们目前对收缩力的了解来看，这一结果并不令人惊讶。70分钟的持续性训练（CT）将对肌肉的收缩能力产生负面影响。此外，该项训练还将耗尽收缩以及分解代谢事件所必需的重要基质。

持续性训练的应用虽然在竞技体育和大众健身领域占据了一席之地，但随着行业不断发展，高强度耐力训练已逐渐成了训练方法的前沿。从逻辑上讲，研究人员已经开始探讨这样的问题：同步训练期间，高强度间歇训练（HIIT）是否会像持续性训练一样，对肌肉表现的效果产生影响。

作为一种训练手段，高强度间歇训练的确能够改善耐力。此外，它还能改善增肌的效果，因为它会优先调动快速收缩的肌纤维。从这两个方面看，该训练类型貌似是一个很好的同步训练计划方案，可以实现增肌、力量与爆发力改善的目标。如此一来，研究人员需要探讨另一方面的问题：这是避免干扰的有效方法吗？在采用高强度间歇训练来训练耐力时，能够避免增肌、力量以及爆发力的下降吗？

该假设合乎一定的逻辑。高强度间歇训练通过短时间、高强度的间歇来提高心血管耐力。由于以往和如今的数据不断暴露出运动量较大的耐力训练是干扰的原因，因此采用高强度间歇训练来制订同步训练的计划。

然而，答案并不是那么简单。现实情况中，高强度间歇训练还是会干扰抗阻训练的效果。如果我们在进行抗阻训练前完成了高强度间歇训练，肌肉力量就会有所削弱[3]。不幸的是，高强度的训练会让肌肉疲劳，肌肉力量以及抗阻训练量也因此而变小或降低。

然而，后续的数据更有希望将高强度间歇训练作为干扰的计划解决方案。目前的一项研究表明，与短时高强度耐力训练相比，长时心血管耐力训练会对增肌、力量以及爆发力效果造成更大的不利影响[7]。目前，人们普遍认为，相较于持续性训练，我们更应该将高强度间歇训练纳入同步训练计划中，因为与强度相比，训练量似乎会给增肌、力量与爆发力的改善带来更大的影响。

上肢与下肢训练

就同步训练对肌肉力量的影响而言，大多数相关性数据都分析了下肢力量。在大多数情况下，我们会通过1RM深蹲练习来测量下肢力量。然而，一项研究检验了下肢冲刺间歇训练对上肢增肌与力量改善的影响[13]。结果表明，当冲刺间歇训练与抗阻训练相结合时，上肢增肌以及力量方面将受到不利影响。这一发现非常有趣，因为我们可以从中看出，同时进行心血管耐力训练和抗阻训练的效果并不受肌肉用途的影响，下肢冲刺间歇训练会对上肢力量表现产生负面影响。结果表明，耐力训练会影响非工作性质的肌肉。因此，数据表明，心血管耐力及力量训练期间并不能通过使用不同的肌群来避免与干扰相关的机制。

接受抗阻训练的运动员

研究明确表明，心血管训练应安排在抗阻训练之前，以避免干扰。当我们在同一节抗阻训练课或3小时内相继完成持续性训练以及高强度间歇训练时，上述计划策略适用于这两种训练方式。

然而，如果受试者曾经接受过抗阻训练，那么情况或许就不一样了。相较于健身爱好者或受过中等训练以及未经训练的人，专业的运动员或许对同步训练方案有不一样的反应。对有条件的冰球、橄榄球运动员来说，同时安排高强度间歇训练（150%的最大摄氧量下，8~24次短时间歇练习）和持续性训练（40~80分钟，70%的最大摄氧量）的时候，力量方面便能得到改善[18]。这项2018年的研究表明，如果将抗阻训练安排在心血管训练之前，下肢的最大力量就会得到改善（通过标准深蹲的提高来衡量）。抗阻训练方案包含了2~6组标准的负重深蹲。这里的负重是指大于80%的1RM。干预期为6周，每周训练3天。力量的改善幅度不受心血管训练的类型（高强度间歇训练或持续性训练）的影响，这与认为高训练量或高强度的心血管训练会削弱抗阻训练有效性的数据相矛盾。至少在高水平运动员的群体中，情况并非如此。然而，同样的，或许正是因为不同的受试者，以及根据经验或全面的机制来对抗阻训练做出不同反应，才会引起上述的差异。

当运动员完成同步训练后，他们的力量得到了提高。然而，当抗阻训练与高强度间歇训练或持续性训练相结合时，力量并没有得到提高[18]。对此，我们提出了一种可能的解释，即肌肉在疲劳的状态下进行抗阻训练。人们已经认识到，当肌肉处于非疲劳的状态时，爆发力才能得到最大的改善，而训练至力竭或许是力量有所提高而爆发力没有提高的主要原因，并不是抗阻训练才导致的。

本研究还考虑了另一项重要的因素，即与持续性训练不同的是，高强度间歇训练改善了最大摄氧量[18]。整体而言，高强度间歇训练比持续性训练更节省时间，而且对运动员来说很可能是更好的选择。同步训练期间，由于高强度间歇训练调动了快速收缩肌纤维，肌肉表现得到了进一步改善。从本质上讲，当高强度间歇训练与中等到高强度的抗阻训练相结合时，那些与肌肉生长、力量以及爆发力效果相关的快速收缩肌纤维承受了双倍的负荷量。

高强度间歇训练、睡眠和运动员

任何时候，当我们谈及高强度间歇训练和运动表现时，或多或少会涉及关于睡眠的话题。顾名思义，恢复性睡眠就是一个恢复的过程，它对身心健康、认知、肌肉恢复和肌肉生长都至关重要。但问题在于，高强度间歇训练会引起睡眠障碍。古普塔及其同事[9]回顾了1600多项旨在确定运动员睡眠质量的研究，结果表明，进行高强度间歇训练之后，运动员需面临诸多问题，如睡眠潜伏期变得更长（过渡时间）、睡眠碎片化加剧（无法入睡）、睡眠达不到恢复的效果（睡眠后仍感到疲倦），以及白天过度疲劳。人们普遍认为，由于高强度间歇训练所引发的睡眠障碍，导致运动员的表现受到了不利的影响[9]。

睡眠和运动之间的反复关系是一个有趣的难题。很早之前，人们便清楚以低强度至中等强度的运动为主、高强度运动为辅的策略能够让运动员保持健康的睡眠习惯。然而，科学家们现在才知道，这一切都由肌肉时钟所控制。有了定期的训练计划，肌肉时钟便能让那些与睡眠以及活动-休息周期相关的身体系统保持同步，进而改善肌肉的恢复以及表现的效果。虽然人们目前还不清楚如何将高强度间歇训练整合到训练计划当中，但定期的训练计划能够在一定程度上解决这方面的问题。

源自有氧耐力运动员的证据

如果心血管训练量影响了抗阻训练，那么接受有氧耐力训练的运动员也会受到不利的影响。请记住，心血管训练量是其频率与持续时间的乘积。通常，有氧耐力运动员需进行频繁且持续时间长的训练。

研究人员已经开始验证这样一个假设，即抗阻训练期间，有氧耐力运动员与未经训练的受试者相比看到不同的增肌效果。未经训练的受试者和优秀的有氧耐力运动员（每周有氧运动时间>10小时）进行抗阻训练之后，研究人员比较了其中的干预效果，未经训练的受试者表现出的增肌效果为运动员的两倍[14]。肌肉大小的初始基线差异并不会引发这种反应。

热量的摄入或许是一个混淆因素。有氧耐力运动员需要大量的热量，而且可能没有足够的热量来满足两种训练适应的需求。此外，我们还考虑到，有氧耐力运动员需面临过度训练的情况。过度训练会导致慢性肌肉酸痛以及延迟恢复，这两者均会对肌肉表现产生不良影响。这一领域仍需进一步研究，以了解过度训练（大量心血管训练）、干扰、饮食需求或所有因素的组合是否会对增肌的效果产生负面影响。

一天中的时间

肌肉时钟能够保持24小时的作息时间，许多有利于肌肉表现的生物功能也会24小时地做出响应。仔细观察这些生物功能就会发现，大自然本身就具备了避免干扰的能力。

考虑以下观察结果：早晨有氧耐力与持久力便达到了峰值状态。在训练界，人们都认为早晨到中午是进行心血管训练的最佳时间，中午左右认知能力最强。因此，中午是进行专项训练以及心理训练的最佳时间。

睾酮水平在早上最高，下午4~6点开始稳定下来，之后又开始下降。对大多数人来说，肌肉的力量会于下午4~6点达到峰值，肌肉收缩速度也在下午4~6点达到最大值。此外，下午4~6点肌肉的柔韧性最好，能够产生最大的力。将这些因素结合在一起之后，我们可以知道，肌肉力量、质量，以及爆发力的训练效果将在下午4~6点达到最大化。大多数认真训练的有氧耐力运动员都能够利用这些内源性的生物变化，在下午晚些时候或傍晚进行增肌、力量以及爆发力方面的训练。

如果在设计同步训练计划时考虑了这些生物学因素，则关键的计时规范就会自动被满足。两次训练之间至少休息3小时，每两节训练课之间可以安排6~24小时的最佳休息时间。

计划总结

在该领域里，有很多与同步训练相关的数据。当训练的主要目标是为了增肌、提升力量以及爆发力时，这个总结有助于我们全方位地了解最重要的计划因素。

出于对心血管耐力训练量、频率、强度和模式的综合考虑，建议每周安排2~3天的心血管训练[20]。如果是持续性训练[5]，训练强度应定在低至中等的范围内（40%~50%的最大心率）。然而，应在持续性训练中引入短时的高强度间歇训练，因为高强度间歇训练能够将总训练量降至最低[7]。训练的时长为20~30分钟，通常来讲，20分钟就足够了。比起慢跑或赛跑，我们更推荐骑行训练；然而，我们也可以进行短时冲刺间歇训练[17, 20]。

将每周2~4天的心血管耐力训练与两种不同的肌肉专项训练结合起来，从而实现力量提升方面的目标。其中，包括2~4组≥80%的1RM训练。这是促进增肌方面适应最大化的合理建议。

完成高强度（通常定义为>80%的1RM）抗阻训练后，至少让肌肉休息48小时[5]。休息时间不得超过96小时，否则会出现停训的情况[2]。

小结

对所有类型的训练，时间安排的好坏决定了训练计划的成功与否。有氧耐力训练会干扰增肌、力量与爆发力的训练效果。然而，有氧耐力训练与抗阻训练的策略性时间安排可以使竞争机制与干扰所带来的影响最小化。如果能为所有训练制订合理的时间安排，那么周期计划便能获得成功，其中既包括有氧耐力训练与抗阻训练的时间，也包含了两种训练之间的间隔时间。其他的时间因素包括每一种训练的频率与持续时间的长短，以及训练期间的许多时间变量，如组间/组内时间、休息时间，甚至包括肌肉收缩的速度。当考虑到这些因素时，可以将干扰最小化，并改善肌肉表现。

有充分的文献资料证明，运动的时间安排会给肌肉表现带来深远的影响。然而，科学家们才开始了解如何通过新发现的肌肉时钟来监控时间。肌肉时钟通过监控时间来减少干扰，但更重要的是，利用肌肉时钟来帮助预测有氧耐力训练，并在运动前做出调整，以提高肌肉的表现。

第2部分 | 学习制订训练计划的工具

　　肌肉时钟通过关注持续传递的时间线索，包括训练计划和训练线索来学习期待，以及何时、如何做出反应。只要有正确的时间线索，肌肉时钟就能够监控24小时的日常节律，预测即将进行的训练，并提前激活与肌肉表现和恢复相关的分子作用。

　　所有生物钟都会根据组织特定的内部和外部时间线索，来重置其自然周期。当生物钟根据体内和体外发生的反应来重置时钟时，该过程称为相移。相移是理解所有生物钟线索的重要概念。当持续传递的时间线索改变局部组织（如肌肉）的日常模式时，肌肉时钟就会发生相移。训练计划和训练线索将信息传递给肌肉，帮助其建立自身的节奏，提前为抗阻训练做准备，并学习何时需要休息和恢复。

　　第3章探讨了时间线索的类型，这些时间线索被肌肉时钟用来监控时间间隔，同时，本章还将这些线索与训练计划的设计联系起来。肌肉时钟寻求3种主要的时间线索：环境、生理、运动训练与训练计划。每种线索都给出了具体示例，并探讨了抗阻训练计划和恢复的相关内容。这一章还介绍了生物力学相似性的概念，这是一种抗阻训练方法，将两种具有相似关节和肌肉活动的训练进行配对，旨在提供一致的时间线索，从而优化肌肉表现。

　　想要在训练计划中成功地应用和利用生物力学相似性，就必须知道哪些训练使用了相似的肌肉和关节活动。除此之外，训练的生物力学相似性还取决于整体相似运动和肌肉活动模式在训练中的运用程度。比如，我们很容易发现，深蹲和深蹲跳这两种训练很类似，但是在进行这两种相似的训练时，你试着想象肌肉内部会发生何种变化时，就显得有些困难了。这就是肌肉激活模式，在这种模式下，单个肌纤维和肌群内的肌肉被激活，这些模式将在第4章做出解释。

　　为了能够更轻松地对训练进行分析，第4章提供了一个常见训练的生物力学分析。这一章推荐使用以下6组训练：全身爆发力训练、双侧下肢训练、单侧下肢训练、上肢训练、孤立训练（单一肌肉训练）和快速伸缩复合训练。快速伸缩复合训练进一步分为双侧下肢、单侧下肢和上肢训练。上述训练可细分为主要的肌肉训练和关节训练，其中，快速伸缩复合训练具有低、中、高三种强度。

　　第4章的图片阐明了生物力学方面相似的配对训练及其肌肉和关节活动，并提出了有限的配对训练建议，以帮助大家使用生物力学相似性训练，来制订针对力量和爆发力提升的抗阻训练计划，这些在第7章和第8章中有更详细的介绍。最后，这一章还介绍了如何制订复合训练计划，这些信息在第9章也有所提及。

第3章 肌肉时钟需要的线索与恢复

肌肉时钟依靠时间线索来监测肌肉活动。包括肌肉时钟在内的生物钟，利用时间线索，来跟踪时间间隔，并因此发生相移。在数周或数月内，当生物钟根据一个或多个持续传递的时间线索而改变其日常节律时，就会发生相移。通过关注时间线索或生理节律挂钩，包括肌肉在内的生物系统，能够将它们的分子作用与外界环境和内部生理事件协调起来。如第2章所述，将定期的抗阻训练作为线索，肌肉时钟可以在一天中的特定时间发生相移，以激活所需的分子作用，从而改善肌肉表现，避免干扰。利用时间线索，肌肉时钟知道应当做出何种预测以及如何反应。有了一致的线索，肌肉就能监控时间间隔，预测下一步会发生什么，并激活与肌肉表现和恢复相关的分子作用。

肌肉时钟积极地寻找各种各样的时间线索，这些线索可分为三大类：环境、生理、运动训练与训练计划。本章将讨论每一类线索，包括向生物钟提供线索的具体示例，重点关注肌肉时钟。时间线索被进一步细分，以解释其与抗阻训练计划的时间安排和恢复计划的关系。需要注意的是，讨论生理线索时所提及的饮食模式，在帮助骨骼肌同步到其他身体系统方面，发挥了至关重要的作用。

光（在研究中被称为光）是公认的设置和重置生物钟和节律的时间线索。它是主时钟最重要的授时因子，或称生理节律挂钩。主时钟接收直接的光输入，并仅基于光线索，将昼夜变化信号直接发送到外周时钟。尽管光是研究最多的线索，也是被广泛认可的设置生物钟的方法，但如今科学家们知道，生物钟会对各种时间线索做出反应，并根据各类持续传递的线索，设置和重置24小时周期。包括肌肉时钟在内的外周时钟，利用光和三类线索中的多个线索，来监测时间间隔、预测外部和内部环境变化并协调生理反应。

环境线索

最常见的环境线索是光，其主要来自太阳，但是在没有阳光的情况下，人造光也会对时钟产生影响，尽管这种影响微乎其微。阳光是地球相对于太阳位置的主要环境线索。一般情况下，阳光为大脑的主时钟提供24小时周期的时间信息。

光虽然是主要的环境线索，黑暗同样也是一种环境线索。光的存在会触发细胞内的活动和整个身体的运动，而黑暗则会触发休息和睡眠的欲望。这两个阶段对生物钟的正常运转和生物体的健康来说至关重要。光照期和黑暗期提供了一天中与计时运动和恢复相关的时间信息，从而影响抗阻训练的效果。

人们每天都需要光照来重置其生理节律。在没有明暗周期的情况下，如完全失明而不能处理光刺激的人，其生物钟会受到影响，并且主时钟难以维持24小时周期[6]。光也会影响外周时钟，如肌肉时钟就在主时钟的影响下工作。肌肉时钟利用明暗相位来设置24小时周期，并协调其对主时钟主导的24小时周期的生理反应。

明暗相位之间的关系是设置和重置所有生物钟（尤其是主时钟）的最常见环境线索。主时钟在一天中的某个时间向肌肉时钟传递信息，同时，明暗相位对肌肉时钟也有至关重要的影响。肌肉时钟通过关注活动－休息周期中的明暗周期来获取时间表。明暗周期为我们提供了环境线索，连同生理、运动训练与训练计划线索（稍后讨论）一起，帮助肌肉时钟在一天中的特定时间内激活特定的分子作用。

活动−休息模式

活动−休息模式部分受24小时周期明暗相位的影响。人类往往在白天更加活跃，这是生理节律与太阳形成的明暗模式一致的直接反映。

然而正如第1章所述，基于个体的生理时钟，活动−休息模式可能会因人而异。一个人的生理时钟说明了他倾向于早起还是晚睡。除了生理时钟，社会因素也会对活动−休息模式产生影响。社会因素，如暴露在人造光下，受工作时间表和学校时间表的影响，或者拥有一种活跃的深夜社交生活[16]，这些都可能导致一种错误的节律。错误的节律是一种强制的时间表，它几乎总是要求闹钟在期望的时间前响起。尽管社会因素不在本书讨论的范围，但重要的是，生物律受众多因素的影响，而社会因素是现代生活中影响肌肉时钟的自然部分。

无论生理时钟如何，主时钟都能感知明暗相位并且每天持续工作着，让身体保持24小时的周期作息时间。对大多数人而言，包括肌肉时钟在内的所有内部时钟，其活动−休息模式都与明暗周期相协调。在早晨，大多数人都会随着白天的到来而自然地醒来，尽管通常晚于闹钟响起的时间。随着主时钟与明暗相位保持同步，骨骼肌细胞活动自然也与一天中的时间相关。下一节将就这些肌肉特异性线索展开讨论。

生理线索

生理线索是体内的生物标志物，内部时钟将这种生物标志物视为时间线索。它们作为一种生化变化，反映了一天中时间和肌肉活动的变化，如训练和休息模式、计时运动的类型和自然波动的激素水平。生理线索远多于环境线索，如睾酮、人体生长激素（HGH）、肌肉柔韧性和皮质醇等。生化水平和自然模式的高低波动会受到内源性（体内）和外源性（体外）两种因素的影响。比如，内源性因素造成了全天睾酮水平的自然波动，而运动引起的皮质醇释放则受外源性因素的影响。

除了生化因素，肌肉时钟还会寻找特定的生理线索，如骨骼肌柔韧性，这些线索会在一天中随时间的变化而变化。肌肉组织柔韧性是肌肉天然弹性的表现，从一个人醒来到睡觉的这段时间中，肌肉组织柔韧性发生着巨大的变化。根据一天中人体的体温变化，肌肉组织在早晨柔韧性较差，然而随着时间的推移，在下午4~6点，肌肉的天然柔韧性达到峰值状态。由此可见，肌肉有内在的时间线索，这使它们能够监控自身的自然周期，并设置节律，使其独立于主时钟和其他生物功能，如葡萄糖水平和饮食模式。

睾酮

睾酮水平在一天中会自然波动，肌肉时钟能够感知这些波动，并在设置和重置24小时生物节律时做出反应。早晨，睾酮水平达到峰值，下午4~6点开始趋于稳定，随后下降。以上的结论是基于人体白天需要睾酮而夜晚不需要的假设而得出的。睾酮水平的日波动即是与人体同步的典型示例：在一天的清晨，当生物钟预测到活动时，肌肉力量和爆发力所需的激素自然分泌水平达到最高，随后在预期休息前下降。

运动员的睾酮水平在一天中自然变化的模式与大多数人一致，但睾酮水平仍然会受到抗阻训练等因素的控制。抗阻训练会影响运动期间和运动后的睾酮水平。

众所周知，在抗阻训练中睾酮水平会有所上升。有抗阻训练经验的男性受试者，在60%的1RM负荷下，进行3组卧推、坐姿夹胸、坐姿下拉、肱二头肌弯举、坐姿伸膝和俯卧屈膝训练，每组15次，每次间隔90秒，其睾酮水平将会升高[17]。结果显示，与没有进行抗阻训练的对照组相比，进行一次中等强度的抗阻训练可以提高睾酮水平。值得注意的是，受试者都有抗阻训练的经验，并且主要进行了孤立训练（单一肌肉训练）。运动对睾酮水平的影响表现在非复合型的大肌肉群运动上，如深蹲和硬拉，它们是提高睾酮水平的有效刺激[17]。

在另一项研究中，为期4周的抗阻训练使静息睾酮水平提高40%[1]。这项研究中，20名没有抗阻训练经验的年轻男性，按照每周3天的顺序（周一、周三和周五），分别进行了卧推、坐姿划船、坐姿伸膝、颈后推举、卧蹬、肱二头肌弯举和肱三头肌下拉训练。训练时间表与隔日进行力量训练的建议一致。在70%~75%的1RM负荷下，每项训练重复3组，每组10次，两组训练之间休息3分钟。每周3天的孤立训练（单一肌肉训练）足以让新手举重运动员在一个月内显著提高睾酮水平。

另一项研究表明，在抗阻训练后30分钟内，睾酮水平仍会升高[8]。在抗阻训练期间和训练后睾酮水平的升高，说明了定期进行抗阻训练来设定肌肉时钟的价值。肌肉时钟在24小时内能够监测如睾酮水平之类的线索。因此，定期进行抗阻训练可以将睾酮释放到血液中，从而告诉骨骼肌和其他组织抗阻训练在一天中发生的时间。此时，肌肉将提前做好准备。

与单纯的抗阻训练相比，睾酮水平对不同的训练有不同的反应，如深蹲和肱二头肌弯举（参见图3.1）。上述研究中使用的训练方式[1, 8]十分有趣，因为它们通常与激素的大量增加无关，而激素的大量增加会刺激肌肉生长，最终促进肌肉力量和爆发力的提高。例如，深蹲是一种全身练习和应激源，同肱二头肌弯举（一种单关节的单一肌肉训练）相比，它会释放更多的睾酮到血液中。睾酮释放量与使用的肌肉量以及练习的总体强度相关。深蹲使用的是身体中最大的一块肌肉（臀大肌）和最大的肌群（股四头肌），而肱二头肌弯举使用肱二头肌，以及肱肌和肱桡肌的两块小肌肉。显然，深蹲的强度大于肱二头肌弯举的强度，其更有助于释放睾酮和生长激素。因此，可以说深蹲能够更好地为肌肉时钟提供线索。

图3.1 高强度的训练如深蹲a. 能向血液中释放足够的睾酮来刺激肌肉增大，而肱二头肌弯举训练（小肌肉单一训练）b. 则不能

人体生长激素

人体生长激素是一种与睾酮类似的生化激素，对肌肉的生长、力量和爆发力的发展起着至关重要的作用。就像睾酮一样，人体生长激素水平也可以自然波动。在睡眠期间，人体能够释放75%的生长激素[7]，而其中大部分都在睡眠的第1个小时内完成[7]。生长激素在睡眠期间释放，这说明休息对肌肉恢复和肌肉表现非常关键。生长激素在睡眠期间，特别是在睡眠的第1个小时内释放，是人体自然节律的反应，同时也体现了它们与24小时的活动－休息周期保持同步。

与睾酮一样，人体生长激素在运动过程中被释放到血液中。众所周知，利用多关节和大肌群的深蹲和硬拉等综合运动，是释放生长激素有效的方法[3]。此外，离心收缩（被动拉长收缩通常与运动的下降阶段相关）比向心收缩（缩短收缩通常与运动的上升阶段相关）会释放更多的生长激素[3]。

离心收缩对生长激素释放及其引起的增肌的影响是有据可查的。然而，关于收缩速度对生长激素释放的影响的相关研究较少。一项研究表明，在接受过抗阻训练的男性中，他们使用了慢速代替快速的卧推训练，可以看到生长激素释放强烈且浓度高[2]。因此，收缩的类型和收缩的速度都有助于促进生长激素的释放，帮助骨骼肌时钟接收有关定期进行抗阻训练的信息。

肌肉柔韧性

肌肉柔韧性在一天中持续变化，它是帮助肌肉时钟确定时间、预测运动与恢复的信号线索。肌肉柔韧性通常在下午4~6点达到最大，这表明肌肉在此时的柔韧性最好。一天中，肌肉柔韧性最好的时间是肌肉时钟的重要时间线索，也是影响肌肉表现的因素，因为肌肉产生的最大力量刚好超过了其休息长度。小幅度伸展的肌肉会产生最大的力量和爆发力。

饮食习惯

不可否认，与其他形式的训练相比，饮食时间对肌肉表现和恢复也十分重要，饮食的营养构成和总热量摄入也至关重要。对训练前后确切的饮食组成及热量摄入，本书不做讨论。然而与计时抗阻训练和肌肉时钟相关的是，计时饮食可以帮助主时钟去除与肌肉时钟的同步化[9]。换言之，坚持规律的饮食有助于骨骼肌在主时钟下建立自主性。

规律的饮食和肌肉时钟之间虽然存在关联，但是规律的饮食和肌肉时钟相移却没有直接的联系，这尤为重要。这表明，饮食并不是控制肌肉时钟的主要线索，单独饮食不能改变肌肉时钟的节律，也不会引起相移。

规律的饮食与肌肉时钟之间的关系在于骨骼肌摄取了饮食中约80%的葡萄糖。饭后，肌肉组织会努力代谢血液中的葡萄糖。葡萄糖摄取和骨骼肌活动之间的关系，对肌肉时钟如何帮助整个身体与骨骼肌保持同步来说，十分重要。规律的饮食和肌肉摄取葡萄糖对肌肉时钟来说，是一种可以识别的线索，可以帮助其确定时间和定期发生的事件。骨骼肌摄取葡萄糖，为大量身体系统及其他外周组织提供线索，以使其保持同步[10]。

皮质醇

运动是一种积极的应激源，它可以刺激皮质醇（一种应激激素）释放到血液中。在情绪紧张（如疼痛、愤怒和恐惧）和日常体能训练（如定期抗阻训练）时，会释放皮质醇。同人体的大多数化学物质一样，皮质醇也有自身的自然节律。上午8点左右，自然皮质醇水平达到峰值，在凌晨3~4点降至最低。与体内其他生化指标（如睾酮和人体生长激素）类似，皮质醇水平在一天中产生波动，也会随着环境的变化而升高或降低。

皮质醇的主要功能是暂时抑制不必要的身体功能，如此一来，在人体受到威胁时，皮质醇将会起到关键作用。例如，当某人逃离追赶者或躲避燃烧的建筑物时，皮质醇水平会迅速飙升。当威胁出现时，人体释放皮质醇，抑制免疫系统和生殖功能，以帮助应对压力的直接来源。皮质醇释放到血液中的持续时间相对较短。然而现代生活充满了压力，因此，皮质醇一直在释放。

然而，持续高水平的皮质醇会造成进退两难的境地。皮质醇会造成骨骼肌的质量下降。过多的皮质醇干扰了氨基酸的摄取，而氨基酸对肌肉生长至关重要。除了潜在地减少肌肉量，皮质醇还会增加体内游离的葡萄糖，最终导致脂肪量上升。过多的脂肪和较少的肌肉对运动十分不利。因此，必须控制皮质醇水平，而有规律的运动可以稳定皮质醇水平。

运动是释放皮质醇的积极来源。一项研究表明,当小鼠被迫在跑步机上跑步时,血清皮质酮水平升高[14]。皮质酮水平在被迫跑步过程中升高十分重要,这表明皮质酮水平可以影响在运动诱导的外周时钟的相移中起作用[14]。

为将上述研究的成果应用于人类,必须实现从啮齿类动物的皮质酮到人类的皮质醇的转移。我们假设,定期运动释放的皮质醇可以帮助人类相移肌肉时钟。定期释放的皮质醇也可以进入肌肉时钟,并教会肌肉在需要的时候激活与运动相关的分子作用。

然而,皮质醇水平长期升高也会引发一系列的负面影响,如脂肪量增加、肌肉量减少以及其他与健康相关的问题。尽管皮质醇水平会在运动过程中升高,但至少有一项研究表明,经过4周的抗阻训练后,皮质醇水平平均下降了24%[1]。这一发现意义重大,其表明抗阻训练作为肌肉时钟诱导线索,可以定期增加皮质醇,然后随着时间的推移使其降低,由此改善肌肉功能,减少脂肪量,这两者对肌肉表现来说都很重要。

运动训练与训练计划

最后,对运动和健身从业者来说,肌肉时钟从运动训练和训练计划中获得的时间线索十分重要。肌肉时钟利用运动训练与训练计划中线索,可以帮助调节肌肉表现,使肌肉与其他身体系统保持同步。时间线索可用于重新设定肌肉时钟,帮助与肌肉表现、睡眠、恢复等相关的代谢功能(参见图3.2)。

光和其他环境因素会影响视交叉上核(SCN)的主时钟。随后,视交叉上核产生内部生理节律的时间线索,如激素、神经元和体温周期,以和外周时钟保持同步。肌肉骨骼系统也会受到其他时间线索的影响,如饮食和运动。生理节律控制着各种基因和通路,这些基因和通路对肌肉骨骼系统和整个身体的正常功能至关重要。核心生物钟基因突变可导致疾病,引发功能受损。

好消息是,肌肉寻找的时间线索,是所有运动和健身从业者都熟悉的训练计划变量,如模式、频率、训练量、持续时间、训练强度和休息时间。唯一的不同之处在于这些概念不再是严格的计划变量,如今也可作为引导肌肉时钟的工具。本章的其余部分专门针对运动训练与训练计划线索,每个时间线索都有详细的定义和讨论,并提供了相关的策略,以帮助大家在第3部分的训练和计划中使用这些线索。

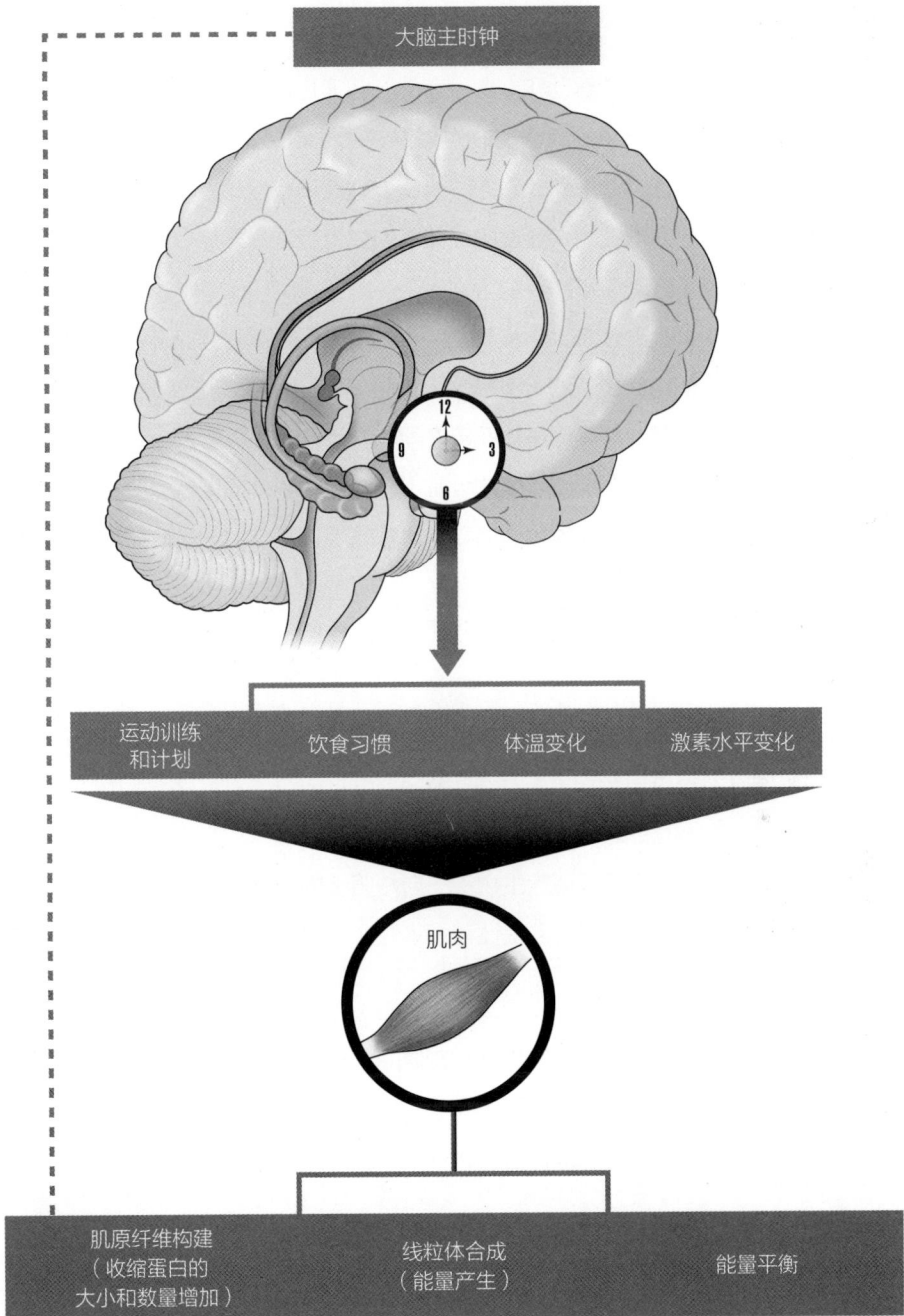

图3.2　时间线索通过与肌肉收缩、运动训练和训练计划相关的事件，对骨骼肌产生影响，并间接影响主时钟

源自：Dudek and Meng (2014).

强迫性运动

在讨论与肌肉时钟有关的运动和训练线索时，强迫性运动和自愿运动的区分十分关键。在研究环境中对运动员进行检查时，对强迫性运动和自愿运动进行了明确的区分，一个很好的区别是强迫性运动是有计划的，如让人定期进行运动，或者强制大鼠在动物实验跑台上运动。这与娱乐性的、随意的、即兴的体育活动，如篮球比赛和其他自愿进行的体力活动，形成了鲜明的对比。

强迫性运动改变了肌肉时钟的基因表达，导致肌肉时钟相移并影响骨骼肌的表现[15]。定期的训练虽然是人们自愿参加的（实际上无人强迫），但有助于肌肉时钟建立一个24小时的周期，并对肌肉时钟与其他身体系统之间的同步产生积极影响，从而产生更好的训练结果。最重要的是，定期训练可以教会肌肉预测即将到来的训练，并提前协调生理反应。有了定期训练，肌肉就能够预测活动－休息周期，并在训练前选择与肌肉表现相关的分子作用。

时钟夹带

有规律的运动可以使肌肉时钟发生相移（参见图3.2）。当骨骼肌收缩时，会释放肌动蛋白，为肌肉收缩提供重要线索。在有规律的时间安排下，肌动蛋白持续释放信号，成为控制主时钟和外周时钟的线索。

定期运动十分有效，它可以覆盖生物钟的自然明暗周期[4, 13, 18]。作为一种线索，它能使肌肉在面对独特环境时，保持自主性和柔韧性。同时，它还可以教会肌肉在训练前的理想时间中选择与肌肉表现相关的活动，从而提高训练的有效性，减少干扰，并为肌肉提供何时进行训练和恢复的信息。

日常训练时间

目前，包括肌肉时钟在内的生物钟是否都具有24小时周期，还尚未可知。很明显，所有时钟都使用外部和内部线索来确定日常时间，并根据特定的时间和局部组织的预测活动，来协调特定的组织活动。对肌肉时钟而言，安排运动的时间是一个关键线索。在一天中固定的时间段内定期进行有规律的运动，并坚持数周或数月，则有助于肌肉时钟设定内部24小时节律，并协调骨骼肌组织进行预测的抗阻训练。

训练频率

训练频率是指运动的频率。频率常常体现在每周进行训练的天数上，它也可以是24小时内进行不止一种训练的次数。肌肉时钟在24小时内密切监控训练的频率和时间，以预测和设置定期的时间表。

如第2章所述，当心血管训练和抗阻训练在时间上过于接近时，就会发生干扰。但是，如果两种训练之间有足够的时间间隔，就可以避免相互干扰。理想情况下，心血管训练和抗阻训练之间应该有4~6小时的时间间隔[11]，并且同种训练之间的间隔不应超过30分钟。为了提供一致的线索，抗阻训练结束后，应于隔天进行心血管训练[19]。制订一项心血管训练和抗阻训练交替进行的日常训练计划，能够告知肌肉按时选择与心血管训练和抗阻训练结果相关的分子作用。

运动模式

运动模式是指所进行的训练的类型。该模式多种多样，可以是心血管训练，如骑自行车，也可以是克服重量的抗阻训练。如第2章所述，在抗阻训练前3小时内进行心血管训练，就会发生干扰。因此，明确区分心血管训练和抗阻训练十分重要，因为运动模式可以帮助提示肌肉学习何时预测心血管训练或抗阻训练，并选择与之相关的运动。

慢跑和负重训练之间有明显的区别。然而，作为一种训练线索，运动模式可以更加具体化，如骑自行车与跑步或深蹲跳与深蹲之间，就存在区别。在深蹲的示例中，虽然两种深蹲有相似的生物力学原理，但深蹲跳的快速伸缩复合式的本质使其改变了力学和强度。这些微妙的力学变化十分重要，因为肌肉活动的特定模式正是肌肉时钟寻找的时间线索。

　　无论是心血管训练还是抗阻训练的运动模式或类型，都十分重要。正如第2章所述，很明显，当在30分钟内依次完成心血管训练和抗阻训练时，肌肉就会变得不知所措，更不用说在同一时间进行两种训练了。在运动训练和训练计划上，区分心血管训练和抗阻训练非常关键。对运动员和精英健身者而言，建议不要在训练计划中将心血管训练和抗阻训练结合在一起。但是，如果无法避免，必须首先进行抗阻训练。每种模式都为肌肉时钟提供了不同的线索，而分子机制没有足够的时间来重置这两种模式。如第2章所述，负责提升力量的分子机制需要在心血管训练后至少3小时重置[9]。

心血管、抗阻和柔韧性训练

　　心血管训练是一种持续的有氧运动，通常持续20~60分钟。定期进行心血管训练可为肌肉提供有关一天时间和活动-休息周期的重要线索，它能够在肌肉中引起一系列针对心血管训练的分子事件。如第2章所述，心血管训练应在抗阻训练结束后隔日进行[19]，如果训练目标是增加力量，则只需进行20~30分钟。

　　抗阻训练旨在提高肌肉的质量、力量和爆发力。抗阻训练会在训练的肌肉中引起一系列特定的分子事件。一次训练应包括2~4组两种不同的生物力学方面相配对的力量训练。训练的生物力学相似性指两个运动相似的程度，这是一个关键的训练计划线索。在本章末尾将对此进行定义，并在第4章中详细讨论。

　　柔韧性是指肌肉放松和伸展的能力。柔韧性训练将一块肌肉从起点拉伸到止点，或将肌肉从一端拉伸到另一端。肌肉柔韧性是一种信号线索，有助于帮助肌肉时钟确定日常时间，预测工作与休息时间。此外，肌肉柔韧性是肌肉表现的因素之一。略微超出其休息长度的肌肉会产生最大的力量。

　　肌肉可以进行预测的想法并非遥不可及。肌肉非常智能，它们可以进行预测，只要提供正确的线索，就能随时做好准备，以便每天在同一时间选择肌肉生长、力量和爆发力的相关分子机制。

生物力学相似性

由于肌肉时钟会寻找生物力学相似性，因此，运动模式或类型是训练肌肉时钟的关键计划线索。生物力学相似性指两种运动相似的程度。换言之，根据训练类型、使用的主要关节和所训练的肌肉，运动模式的特定时间线索就会传递到肌肉时钟。例如，在运动中，仰卧臀桥是一种简单的髋关节伸展方法，而硬拉作为一种更复杂的训练，也使用了髋部伸展。重点在于，每次训练都以伸髋为主要关节活动，因此使用了相似的肌肉。因此，这些训练在生物力学上具有一定相似性。

配对训练是利用生物力学相似性将两个相似的运动进行配对的一种训练方法。配对训练使用相似的肌肉或相似关节模式的肌群，为肌肉时钟提供了珍贵的时间线索。训练的相似性是一种线索，可以帮助肌肉时钟形成时间表，并预测即将到来的训练。通过使用生物力学方面相类似的训练，肌肉时钟会在每24小时内选择与该训练相关的分子作用。

运动特定的时间线索以主要关节和肌肉的活动为基础。使用相似关节活动的配对训练体现了生物力学相似性，提供了重要的运动和训练线索。下面举例说明如何进行生物力学方面相配对的训练，主要采用卧蹬和深蹲练习进行说明。

在卧蹬时（参见图3.3），训练的主要肌肉是股四头肌、腘绳肌和臀大肌，其主要关节活动是髋关节伸展和膝关节伸展。

为了证明生物力学具有相似性，可进行与卧蹬相似的深蹲训练（参见图3.4）。在深蹲时，训练的主要肌肉是股四头肌、腘绳肌和臀大肌，与卧蹬相同。深蹲的主要关节活动是髋关节伸展和膝关节伸展，也和卧蹬相同。

快速比较一下两种训练，你会发现，它们在生物力学上具有相似性。两种训练的主要肌肉训练、所涉及的主要关节，以及肌肉活动都是相互匹配的。这两种训练之间的生物力学时间线索具有一致性。

训练量

训练量是训练过程中完成的运动量，可表示为慢跑所花费的时间或跑步的距离等。在同时进行的训练中，如第2章所述，运动量通常与持续时间相结合，以反映一周内完成的总训练量。在确定心血管训练对抗阻训练的影响时，训练量尤其重要。心血管训练对抗阻训练的结果产生不利影响存在一个阈值，这个阈值是30分钟[19]。

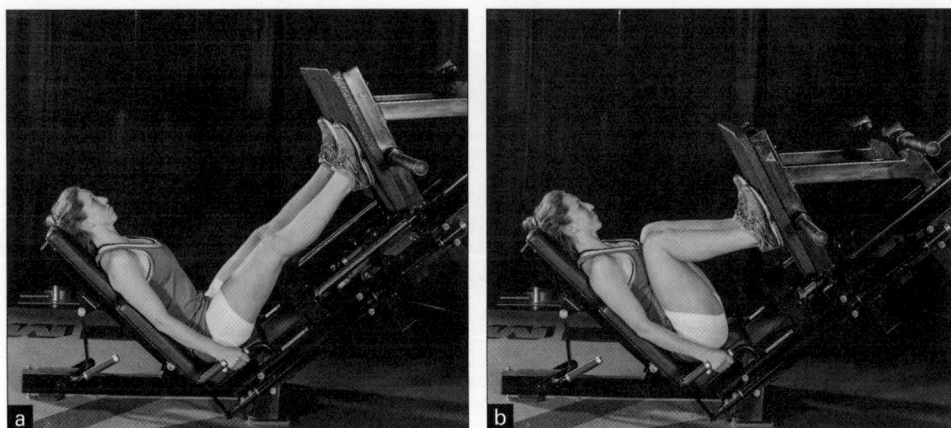

图3.3 卧蹬: a. 起始位置; b. 动作执行位置

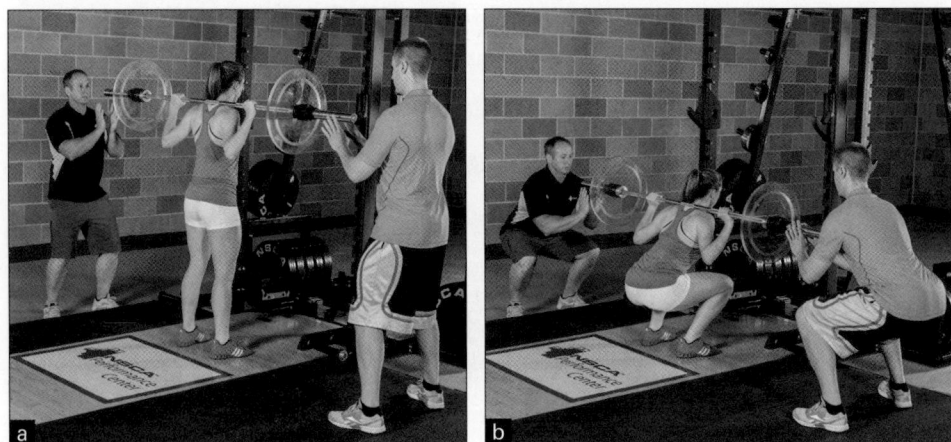

图3.4 深蹲: a. 起始位置; b. 动作执行位置

　　就抗阻训练而言,训练量是指每次训练中练习的组数和重复次数的结合,虽然训练量本身并不像抗阻训练的频率和模式那么重要,但它是肌肉运动达到峰值状态的一个至关重要的因素。再加上有效的训练计划,在训练强度和休息时间的基础上,找到最佳的练习组和重复的平衡点,将会产生最佳的效果。

强度

　　训练强度是衡量训练者训练程度的指标，它表示训练者的努力程度。在抗阻训练中，强度通常反映为一个人完成一次重复训练所需的外部重量或最大努力的百分比。然而，体重和身体相对于重力的位置也与强度有关。例如，当双脚放在长凳上而不是放在地上时，俯卧撑就会变得更加困难。当双脚抬高时，更多的重量转移到前胸的主要工作肌肉上。

　　训练强度也是抗阻训练（如快速伸缩复合训练）期间肌肉收缩速度或收缩速度（慢速与快速重复）的反映。训练强度是时钟夹带的一个关键因素。运动强度越大，血液中释放的皮质醇和生长激素越多。所有这些生化事件都是有助于肌肉时钟夹带的时间线索。当它们在24小时内定期释放时，与强度相关的肌肉生物力学变化可导致肌肉时钟发生相移。

组内休息期

　　组内休息期是指抗阻训练组中的休息期。通常在10~120秒，与传统的休息期不同，传统的休息期可以持续5分钟。组内休息训练法允许在组内恢复。虽然允许的恢复时间十分短暂，但组内休息期的目的是让运动员在原始体重下，完成目标的组数和重复次数，而不是减轻重量或减少重复次数。

　　一项研究旨在调查，与传统的休息期相比，使用组内休息的抗阻训练是否更加有效地增强肌肉力量[12]。研究人员调查了22名年龄在25~65岁的男性，根据受试者的基线特征对其进行匹配，并将他们分配至为期12周的抗阻训练中，分别采用传统的组间休息和组内休息。在研究开始前、4周、8周和12周的抗阻训练后，分别测量了受试者的身体成分、卧推和深蹲的力量（1RM）、卧推和深蹲的力量输出（60%的1RM）和垂直跳跃。结果表明，在卧推中，组内休息产生的力量增加和功率输出大于传统的组间休息；但是，两组在深蹲表现上并无差异。这些发现十分重要，它表明，至少对上肢来说，较短的组内休息间隔对力量和爆发力的提高比较长的组间休息间隔更加有效。

对那些关注力量和爆发力训练的人来说，这项研究的发现令人兴奋，但它们也与肌肉时钟和时间线索有关[12]。与肌肉表现相关的分子活动，对训练中非常小的时间间隔有所反应，而这些时间间隔正与训练的强度有关。

强度-休息期

另一种训练时间安排的方法被称为强度-休息期。从一组练习或另一组练习中恢复所需的休息量随训练强度的变化而变化，训练强度由使用的肌肉量、1RM的百分比和肌肉收缩的速度决定。例如，基于恢复到基线心率的时间，深蹲跳训练比单一肌肉训练（如肱三头肌下压）需要更多的休息时间。一项研究发现，对上肢训练来说，组内休息比长时间组间休息更能有效地增强肌肉力量和爆发力的输出[12]。这很关键，因为下肢训练的强度通常更高，因此恢复所需的休息时间比允许的组内休息时间更长。肌肉监控着与运动模式、频率和时间相关的所有线索。因此，强度-休息期可以告诉它们什么时候预测什么。

间歇休息

组内休息期和强度-休息期指在单个训练阶段的时间，而间歇休息则指训练阶段之间的24小时休息期。间歇休息的概念来源于间歇禁食，即禁食一段时间，然后在一段时间内进食。间歇禁食有很多种，饮食限制和自由饮食的交替有几小时的，也有几天的。而间歇禁食是按照规定，每周进行2天不连续的禁食，并在非禁食日合理进食。每周2天的间歇禁食，背后的基本理念是为保持身体自然的、传统的24小时周期循环。

间歇休息的训练计划应当与间歇禁食相同：每周非连续休息2天，其余5天训练。然而，间歇休息计划与普遍的每周5天训练、周末休息计划恰恰相反。间歇休息的原理在于，大脑中的主时钟将所有时钟同步到24小时，并每天或每24小时重置一次。因此，所有的时钟，包括肌肉时钟，都在寻找24小时时间表和节律。它们正在监控外部和内部事件，以设定时间表，并在24小时内协调生理功能。周末休息72小时或周五早上训练，直到周一早上会再次休息才再次打乱24小时的时钟。

　　针对运动训练与训练计划线索，间歇休息时间表为肌肉提供了24小时的有价值的时间线索。间歇休息为肌肉时钟提供关于每种训练模式的频率（基于每周24小时周期的天数），与明暗周期一致的活动 – 休息时间，以及一天中的时间信息，所有这些都被用来预测每天的训练。

　　肌肉非常智能。如果提供了正确的、一致的时间线索，它们就可以预测即将到来的训练，提前调整分子作用，从而最大限度地提高效率。

小结

　　肌肉时钟就像一个内部计时器，监控着影响肌肉的环境和生理信号。随着时间的推移，肌肉时钟通过关注各种各样的线索，包括大脑中主时钟发出的时间、局部肌肉组织定期发生的生理变化，以及定期的运动训练与训练计划线索，来学习该预测什么、何时以及如何做出反应。有了正确的时间线索，肌肉时钟能够形成自己的24小时日常节律，预测即将进行的训练，并提前激活与肌肉表现和恢复相关的分子作用，从而提高抗阻训练的效果。

第**4**章

生物力学相似性在抗阻训练和快速伸缩复合训练中的应用

肌肉时钟寻求生物力学上的相似性，或者寻求那些使用相同或相似的肌肉以及主要关节动作的相似程度。基于生物力学相似性的配对训练，为肌肉时钟提供了一致的线索，以确定预测的运动类型。为简化生物力学相似性的概念，抗阻训练和快速伸缩复合训练共分为6组：全身爆发力训练、双侧下肢训练、单侧下肢训练、上肢训练、孤立训练（单一肌肉训练）和快速伸缩复合训练。尽管有很多训练可以归入上述类别中的其中一个，但本章讨论的训练主要根据以下内容进行选择。

1. 使用的主要肌肉和肌群的相似性。
2. 主要关节活动的相似性。

生物力学相似性

生物力学相似性是由在一次训练中进行两次或两次以上练习时，肌肉和关节活动的相似性决定的。生物力学相似性为肌肉时钟提供线索，这些肌肉时钟被用来预测即将到来的训练和内部时钟的相移。运动训练与训练计划线索通过肌肉时钟的生物力学相似性传递，帮助肌肉学习何时选择与自身表现相关的分子作用。

配对训练的生物力学相似程度依据训练的主要肌肉和执行的主要关节活动，提供特定的时间线索。例如，肱三头肌下压与肱三头肌过顶伸展相似，因为这两种训练都使用肱三头肌和肘关节伸展作为主要肌肉和关节活动。一个精心制订的训练计划，需要根据常规时间表，在训练过程中将相似的肌肉和关节活动进行生物力学相似性的配对。例如，将肱三头肌下压和肱三头肌过顶伸展的配对训练安排在一天中的类似时间进行。

当在生物力学相似性的背景下训练时，关注所使用的主要肌肉和关节是至关重要的。例如，深蹲是一种常见的训练方法，可以训练到很多肌肉与肌群。然而，大多数人在训练计划中加入深蹲的原因是想对股四头肌和臀大肌进行训练，而不是腹直肌（一种稳定肌）。因此，本文所研究的运动中使用的肌肉和关节的力学分析主要集中在初级肌肉和初级的关节活动。

使用相同或相似的肌肉

配对训练使用相似的肌肉与关节活动，为肌肉时钟提供线索，帮助预测即将到来的训练。通过使用生物力学相似性的训练来提供一致的线索，肌肉时钟能够每24小时预测何时进行抗阻训练。

坐姿伸膝和深蹲是配对训练中使用相同或相似肌肉和关节的典型示例。这两种训练虽然有所不同，但前提是，两种训练中使用的主要肌群都是股四头肌，主要的关节活动都是膝关节伸展和屈曲，以及髋关节伸展和屈曲。

相似的运动模式

生物力学相似性还取决于两个训练在整体上使用相同动作的程度。例如，常规俯卧撑和快速伸缩复合式俯卧撑是不同的训练，但它们都使用相同的动作。其他示例包括深蹲、深蹲跳、史密斯训练架－爆发式卧推和快速伸缩复合式卧推。

相似的关节活动

虽然大多数人分析训练是基于工作的肌肉，但是真正的生物力学分析是从一个训练动作的关节活动开始的。使用相似的主要关节活动的配对训练，可以建立生物力学相似性。例如，配对训练可以使用类似的主要关节活动，如肩关节抬高和下降或髋关节外展和内收。在这两种情况下，肌肉时钟可以接收到关于预期练习类型的运动和训练线索。在深蹲和坐姿伸膝的示例中，虽然一个是站立且身体承重，另一个是坐姿且身体不承重，但是深蹲和坐姿伸膝的训练都涉及向心阶段腿在膝关节处的伸展。因此，两种训练都使用膝关节伸展和屈曲进行，尽管训练有所不同，但主要关节活动是相似的。

主动与被动关节活动

主动的关节活动对肌肉的发展和表现至关重要，因为它们需要肌肉产生力量来推动骨骼绕轴（关节）运动。在肱二头肌弯举向上运动的阶段中，可以看到有一个主动的关节运动，在这一阶段肱肌必须产生力量将重量向上移动到肩部，以对抗重力。

与主动关节活动相反，被动关节活动是指除了肌肉力量以外，其他可以移动关节周围骨骼的活动。通常，这是重力在运动的向下阶段所起的作用。值得注意的是，被动关节活动也可以由他人引起，如私人教练或理疗师诱导的关节运动。

相似的肌肉激活模式

当观察常规俯卧撑和快速伸缩复合式俯卧撑时，很容易发现这两种训练具有相似性，并且使用了相似的动作和肌肉激活模式。肌肉激活模式是一个先进的概念，起源于运动单元的募集理论。运动单元由大脑的运动神经元组成，该神经元附着在一块肌肉的众多肌纤维上。运动单元可分为慢肌纤维和快肌纤维两种，它们以特定的模式或顺序被募集，从慢肌收缩到快肌收缩，并在相反的方向取消或停止募集，从而使快肌收缩到慢肌收缩。需要低作用力和低速度的训练主要使用慢肌纤维，举重和一些快速动作虽然从慢肌纤维开始，但却要依靠快肌纤维来完成运动。

　　运动单元的募集理论解释了肌纤维如何被激活和如何失去活性，而对类似的运动，整个肌肉的激活方式是不同的。例如，不同类型的深蹲会以不同的方式优先激活不同的目标肌肉。事实上，肌肉激活的特异性是由非常细微的生物力学变化决定的。肌肉激活模式非常特别，甚至在后深蹲时膝关节位置的微小变化，都会改变主要肌肉的使用方式。在一项研究中[2]，将膝关节正常位置的深蹲与另外两种常见错误形式的深蹲进行比较：中外侧（左右）和前后的膝关节错位。这两种使膝关节错位的深蹲，改变了目标肌肉的激活模式，特别是在正常的、中立蹲姿中增加了腘绳肌和腓肠肌的激活。因此，当膝盖位置发生微小的改变时，深蹲便成了一种效果较差的股四头肌运动，这体现了力学对肌肉激活模式的影响。

　　总而言之，肌肉激活是指肌肉中的慢肌纤维和快肌纤维在运动中被激活的顺序。根据运动所需的力和速度，不同的运动会激活不同的肌纤维。肌肉激活也描述了肌群内的个别肌肉在运动中是如何被激活的。

　　生物力学相似性的训练使用了相似的肌肉运动和主要的关节活动。然而生物力学和强度的细微变化，可能会改变所使用肌肉和快肌纤维的程度。因此，那些看起来生物力学相似、工作原理相同，以及具有相似肌肉或肌群的训练，仍然可以以不同的方式工作。生物力学相似性作为关键的运动训练与训练计划线索，在设计抗阻训练方案时，必须注意细微的生物力学变化，这一点需要牢记。值得注意的是，由于肌肉时钟主要依靠生物力学线索，因此避免错误的形式和进行正确的训练至关重要。

运动强度

　　如前所述，运动强度决定了在运动中使用哪种类型的肌纤维。完成一项运动所需的力量和速度决定了运动强度，这反映在快肌纤维是否被募集，以及被募集的程度。

　　肌肉力量是完成一项运动所需的输出或力量，想要增加肌肉爆发力，就必须增加运动的速度或速率。可以通过比较深蹲和跳箱训练来体会强度的变化。深蹲的强度取决于蹲起的重量，较重的负荷集中于发展力量。跳箱是一种不同类型的训练，其特征是在快速离心（拉长）动作和随后的快速向心（缩短）动作之间没有停顿，并利用肌肉的牵张反射来产生爆发力。跳箱的强度取决于能产生多大的力和多快的速度。在跳箱训练过程中很少会测量力。相反，箱子的高度往往是强度的替代指标（尽管有时具有误导性）。由于练习的速度较快，而且目标是发展爆发力而不是力量，所以在进行跳箱训练时，使用的额外负重比深蹲要少。

例如，在复合训练中，为了提高肌肉力量和爆发力，可将大负荷力量训练与其生物力学相似的快速伸缩复合训练配对。负荷和速度虽然不同，但生物力学相似性的配对训练使其发生了改变。

训练类别

以生物力学相似性为基础，可将训练分为6类：全身爆发力训练、双侧下肢训练、单侧下肢训练、上肢训练、孤立训练（单一肌肉训练）和快速伸缩复合训练。在本节中，将根据使用的肌肉和伴随的主要关节活动，对每个类别中的训练进行分析。分析的目的是为制订配对训练和训练计划提供参考，详见第7、8和9章。

抗阻训练分为两个阶段：离心阶段和向心阶段。在本书中，对训练的分析仅限于向心阶段，并且只描述相应的主要关节和肌肉动作。

训练名称查询表（参见表4.1）按6种训练类别（如全身爆发力训练、双侧下肢训练等）的字母顺序排列。

全身爆发力训练

进行爆发力训练的时候，会同时使用许多肌群，因此，它属于一种全身性练习。全身爆发力训练是一种高级的训练方式，建议训练经验丰富的人练习。

出于分析的目的，我们只分析主要肌肉和关节活动，以及关注动作的向心阶段。这是为了继续分析生物力学相似性。在后面的章节中，我们将把全身爆发力训练和其他训练结合起来，来设计发展肌肉力量和爆发力的训练和计划。此外，还将讨论并论证它们在复合训练计划和设计中的应用。

表4.1 训练名称查询表

训练名称	页码
全身爆发力训练	
挺举	71
悬垂高翻和推举	71
高翻	70
硬拉＋耸肩	72
站姿－肩部推举	72
抓举	70
双侧下肢训练	
深蹲	74
硬拉（传统式）	74
前蹲	73
卧蹬	75
过顶深蹲	74
罗马尼亚硬拉	75
单侧下肢训练	
保加利亚分腿蹲	76
后弓步	79
前弓步	78
侧弓步	77
单腿深蹲	79
上台阶	80

续表

训练名称	页码
上肢训练	
卧推	81
俯身划船	82
窄握双杠臂屈伸	83
哑铃 – 仰卧飞鸟	82
俯卧撑	84
坐姿划船	82
肩部推举	83
孤立训练（单一肌肉训练）	
肘关节伸展	87
肘关节屈曲	87
髋关节外展	86
髋关节内收	86
髋关节伸展	86
髋关节屈曲	85
膝关节伸展	85
膝关节屈曲	85
颈部伸展	88
颈部屈曲	88
肩关节外展	87
肩关节内收	87
肩关节伸展	88
肩关节屈曲	88
肩带抬高	88

续表

训练名称	页码
快速伸缩复合训练	
上肢快速伸缩复合训练	
击掌俯卧撑	99
击掌俯卧撑（背后击掌）	100
深度俯卧撑	101
跪姿爆发式传球	98
药球 – 胸前传球	98
药球 – 爆发式下砸	100
快速伸缩复合式俯卧撑	99
史密斯训练架 – 爆发式卧推	101

抓举

主要肌肉

- 股四头肌（股直肌，股内侧肌，股中间肌，股外侧肌）
- 臀大肌
- 腓肠肌
- 腘绳肌（半膜肌，半腱肌，股二头肌）
- 斜方肌
- 三角肌

主要关节活动

- 膝关节伸展
- 髋关节伸展
- 踝关节屈曲
- 肩关节屈曲
- 肩带上旋和抬高

高翻

主要肌肉

- 股四头肌（股直肌，股内侧肌，股中间肌，股外侧肌）
- 臀大肌
- 腘绳肌（半膜肌，半腱肌，股二头肌）
- 腓肠肌
- 斜方肌
- 三角肌

主要关节活动

- 膝关节伸展
- 髋关节伸展
- 踝关节屈曲
- 肩带上旋和抬高
- 肩关节屈曲

悬垂高翻和推举

主要肌肉

- 股四头肌（股直肌，股内侧肌，股中间肌，股外侧肌）
- 臀大肌
- 腘绳肌（半膜肌，半腱肌，股二头肌）
- 腓肠肌
- 斜方肌
- 三角肌

主要关节活动

- 膝关节伸展
- 髋关节伸展
- 踝关节屈曲
- 肩带上旋和抬高
- 肩关节屈曲

挺举

主要肌肉

- 股四头肌（股直肌，股内侧肌，股中间肌，股外侧肌）
- 臀大肌
- 腘绳肌（半膜肌，半腱肌，股二头肌）
- 腓肠肌
- 斜方肌
- 三角肌

主要关节活动

- 膝关节伸展
- 髋关节伸展
- 踝关节屈曲
- 肩带上旋和抬高
- 肩关节屈曲

站姿－肩部推举

主要肌肉

- 股四头肌（股直肌，股内侧肌，股中间肌，股外侧肌）
- 臀大肌
- 腘绳肌（半膜肌，半腱肌，股二头肌）
- 腓肠肌
- 肱三头肌
- 三角肌前束
- 斜方肌

主要关节活动

- 髋关节伸展
- 膝关节伸展
- 踝关节屈曲
- 肘关节伸展
- 肩关节屈曲
- 肩带上旋和抬高

硬拉＋耸肩

主要肌肉

- 股四头肌（股直肌，股内侧肌，股中间肌，股外侧肌）
- 臀大肌
- 腘绳肌（半膜肌，半腱肌，股二头肌）
- 斜方肌

主要关节活动

- 髋关节伸展
- 膝关节伸展
- 肩部抬高

双侧下肢训练

　　双侧下肢训练可以是单关节训练，也可以是多关节训练，包括单一肌肉练习（如针对股四头肌的伸膝训练）和多肌肉群参与的练习（如臀大肌和股四头肌共同参与的深蹲训练）。分析的目的：只分析主要肌肉和主要关节活动，以持续探究生物力学相似性。

前蹲

主要肌肉

- 股四头肌（股直肌，股内侧肌，股中间肌，股外侧肌）
- 臀大肌
- 腘绳肌（半膜肌，半腱肌，股二头肌）

主要关节活动

- 髋关节伸展
- 膝关节伸展

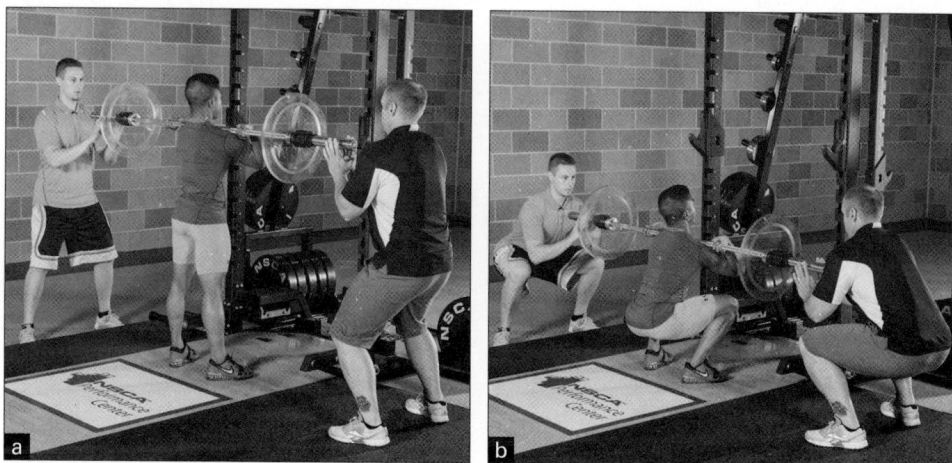

图4.1　前蹲：a. 起始位置；b. 底部位置

深蹲

主要肌肉

- 股四头肌（股直肌，股内侧肌，股中间肌，股外侧肌）
- 臀大肌
- 腘绳肌（半膜肌，半腱肌，股二头肌）

主要关节活动

- 髋关节伸展
- 膝关节伸展

过顶深蹲

主要肌肉

- 股四头肌（股直肌，股内侧肌，股中间肌，股外侧肌）
- 臀大肌
- 腘绳肌（半膜肌，半腱肌，股二头肌）

主要关节活动

- 髋关节伸展
- 膝关节伸展

硬拉（传统式）

主要肌肉

- 股四头肌（股直肌，股内侧肌，股中间肌，股外侧肌）
- 臀大肌
- 腘绳肌（半膜肌，半腱肌，股二头肌）

主要关节活动

- 髋关节伸展
- 膝关节伸展

罗马尼亚硬拉

主要肌肉

- 臀大肌
- 腘绳肌（半膜肌，半腱肌，股二头肌）
- 竖脊肌

主要关节活动

- 髋关节伸展

卧蹬

主要肌肉

- 股四头肌（股直肌，股内侧肌，股中间肌，股外侧肌）
- 臀大肌
- 腘绳肌（半膜肌，半腱肌，股二头肌）

主要关节活动

- 髋关节伸展
- 膝关节伸展

单侧下肢训练

单侧下肢训练只使用身体的一侧来完成动作，而身体的另一侧则有助于支撑和稳定身体。单侧训练可以使用小肌肉，如上臂的肌肉，也可以使用更大的肌肉，如大腿的肌肉。这里的重点是单侧下肢训练，与全身爆发力训练具有生物力学相似性。

保加利亚分腿蹲

主要肌肉

- 股四头肌（股直肌，股内侧肌，股中间肌，股外侧肌）
- 臀大肌
- 臀中肌和臀小肌
- 腘绳肌（半膜肌，半腱肌，股二头肌）
- 髂腰肌（次要）

主要关节活动

- 髋关节伸展
- 膝关节伸展
- 髋关节外展
- 髋关节屈曲（次要）

图4.2 保加利亚分腿蹲：a. 起始位置；b. 底部位置

侧弓步

主要肌肉

- 臀大肌
- 臀中肌和臀小肌
- 股四头肌（股直肌，股内侧肌，股中间肌，股外侧肌）
- 腘绳肌（半膜肌，半腱肌，股二头肌）

主要关节活动

- 膝关节伸展
- 髋关节伸展
- 髋关节外展

前弓步

主要肌肉

- 股四头肌（股直肌，股内侧肌，股中间肌，股外侧肌）
- 臀大肌
- 腘绳肌（半膜肌，半腱肌，股二头肌）
- 髂腰肌（次要）

主要关节活动

- 膝关节伸展
- 髋关节伸展
- 髋关节屈曲（次要）

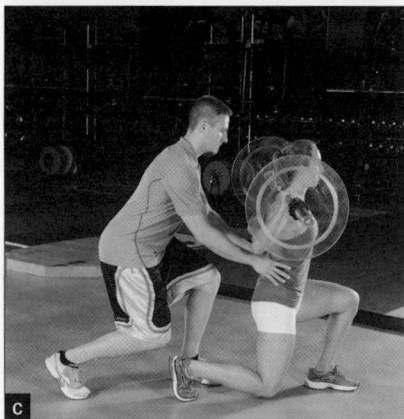

图4.3　前弓步：a. 起始位置；b. 迈出位置；c. 弓步位置

后弓步

主要肌肉

- 股四头肌（股直肌，股内侧肌，股中间肌，股外侧肌）
- 臀大肌
- 腘绳肌（半膜肌，半腱肌，股二头肌）
- 髂腰肌（次要）

主要关节活动

- 膝关节伸展
- 髋关节伸展
- 髋关节屈曲（次要）

单腿深蹲

主要肌肉

- 股四头肌（股直肌，股内侧肌，股中间肌，股外侧肌）
- 臀大肌
- 腘绳肌（半膜肌，半腱肌，股二头肌）
- 臀中肌和臀小肌

主要关节活动

- 髋关节伸展
- 膝关节伸展
- 髋关节外展

上台阶

主要肌肉

- 股四头肌（股直肌，股内侧肌，股中间肌，股外侧肌）
- 臀大肌
- 腘绳肌（半膜肌，半腱肌，股二头肌）

主要关节活动

- 膝关节伸展
- 髋关节伸展

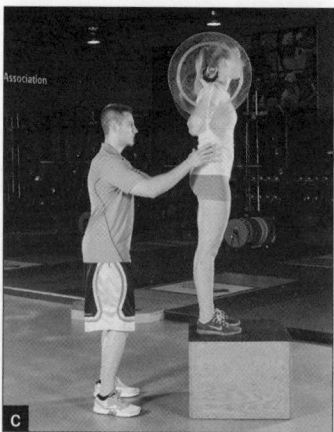

图4.4　上台阶：a.起始位置；b.脚踩箱上位置；c.结束位置

上肢训练

上肢训练只使用上肢的肌肉和关节来完成，而下肢肌肉和核心肌肉用来支撑和稳定身体。与下肢训练类似，上肢训练只分析主要肌肉和主要关节活动。

卧推

主要肌肉

- 肱三头肌
- 胸大肌
- 三角肌前束
- 前锯肌

主要关节活动

- 肘关节伸展
- 肩关节水平内收
- 肩胛骨前伸

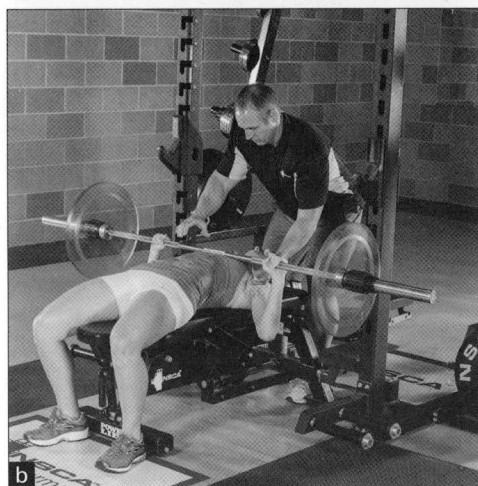

图4.5 卧推：a. 起始位置；b. 底部位置

哑铃-仰卧飞鸟

主要肌肉

- 胸大肌
- 三角肌前束

主要关节活动

- 肩关节水平内收

俯身划船

主要肌肉

- 三角肌后束
- 背阔肌和大圆肌
- 斜方肌（下束和中束）
- 菱形肌

主要关节活动

- 肩关节水平内收
- 肩胛骨后缩

坐姿划船

主要肌肉

- 三角肌后束
- 背阔肌和大圆肌

主要关节活动

- 肩关节水平内收
- 肩胛骨后缩

肩部推举

主要肌肉

- 肱三头肌
- 三角肌
- 斜方肌
- 肩胛提肌
- 前锯肌

主要关节活动

- 肘关节伸展
- 肩关节屈曲
- 肩带上旋和抬高

窄握双杠臂屈伸

主要肌肉

- 肱三头肌
- 胸大肌
- 三角肌前束

主要关节活动

- 肘关节伸展
- 肩关节伸展

俯卧撑

主要肌肉

- 肱三头肌
- 胸大肌
- 三角肌前束
- 前锯肌

主要关节活动

- 肘关节伸展
- 肩关节水平内收
- 肩胛骨前伸

图4.6 俯卧撑: a. 起始位置; b. 底部位置

孤立训练（单一肌肉训练）

单一肌肉训练是一种单关节训练。它们通常要求一次训练中只使用一个关节或只关注一个肌群。单一肌肉训练补充了复合训练和多关节训练，并用于构建以生物力学相似性为重点的配对训练。

在本节中，根据主要关节活动划分训练类别，并列出了使用该动作的常见训练方法。

主要关节活动：膝关节伸展

主要肌肉

- 股四头肌（股直肌，股内侧肌，股中间肌，股外侧肌）

常见训练方法

坐在训练器械上或椅子上进行膝关节伸展。

主要关节活动：膝关节屈曲

主要肌肉

- 腘绳肌（半膜肌，半腱肌，股二头肌）

常见训练方法

俯卧（面朝下）器械膝关节屈曲，坐姿腘绳肌弯举，仰卧腘绳肌弯举，可加弹力带或外部重量，也可不加。

主要关节活动：髋关节屈曲

注意：膝关节朝向躯干的任何髋关节屈曲训练均符合髋关节屈曲的标准。

主要肌肉

- 髋屈肌（股直肌和髂腰肌）

常见训练方法

任何使膝关节向上和朝向髋部的训练 [如仰卧举腿（单腿或双腿）、俯身登山]。

主要关节活动：髋关节伸展

主要肌肉

- 髋伸肌［臀大肌，腘绳肌（半膜肌，半腱肌，股二头肌）］

常见训练方法

俯卧时将腿从髋部拉回的任何动作（面朝下，如反向过伸）、站立、四肢着地（四足动物，如鸟犬式）或仰卧（如臀桥）。

主要关节活动：髋关节外展

主要肌肉

- 臀中肌
- 臀小肌
- 阔筋膜张肌

常见训练方法

将腿从臀部拉向身体一侧的任何动作，都是在侧卧、站立、四肢着地（四足动物）或仰卧时完成的，如在器械上进行髋关节外展和站立式拉绳索（侧向）抬腿。

主要关节活动：髋关节内收

主要肌肉

- 长收肌
- 短收肌
- 大收肌
- 耻骨肌

常见训练方法

任何将腿向后拉至髋部下方或身体中部并越过身体中线的动作。这些训练通常在髋关节外展后进行。然而，髋关节内收也可以单独进行。髋关节内收最可能在站立或仰卧（面朝上）时完成。常见动作是在器械上进行髋关节内收和仰卧双腿挤压（夹）瑞士球。

主要关节活动：肘关节屈曲

主要肌肉

- 肱肌
- 肱二头肌
- 肱桡肌

常见训练方法

任何肱二头肌弯举的动作。

主要关节活动：肘关节伸展

主要肌肉

- 肱三头肌

常见训练方法

俯身单臂（肱三头肌）后伸或头顶肱三头肌伸展。

主要关节活动：肩关节外展

主要肌肉

- 三角肌

常见训练方法

哑铃侧平举和拉力器上举。

主要关节活动：肩关节内收

主要肌肉

- 背阔肌
- 冈下肌和小圆肌
- 大圆肌

常见训练方法

拉力器高位下拉和引体向上。

主要关节活动：肩关节屈曲

主要肌肉

- 三角肌前束
- 胸大肌

常见训练方法

哑铃前平举和拉力器上举。

主要关节活动：肩关节伸展

主要肌肉

- 背阔肌和大圆肌
- 三角肌后束

常见训练方法

站姿直臂高位下拉和仰卧直臂头顶下拉。

主要关节活动：肩带抬高

主要肌肉

- 斜方肌上束
- 肩胛提肌

常见训练方法

耸肩。

主要关节活动：颈部屈曲

主要肌肉

- 胸锁乳突肌

常见训练方法

坐姿器械颈部屈曲。

主要关节活动：颈部伸展

主要肌肉

- 头夹肌
- 头半棘肌

常见训练方法

俯卧或站立颈部后伸、负重坐姿或站姿颈部后伸。

快速伸缩复合训练

　　快速伸缩复合训练是一种爆发式训练，包括跳跃或快速动作，其中包含拉长 – 缩短周期（即肌肉在离心收缩之后立刻向心收缩）。人们可以将其与全身爆发力训练相结合，为爆发力的发展制订高级的、配对的复合训练和计划。本书将快速伸缩复合训练进一步划分为双侧下肢、单侧下肢和上肢训练。每项训练具有低、中、高三种强度。训练的强度由感知到的难易程度所决定，并根据美国国家体能协会（National Strength and Conditioning Association，NSCA）的标准进行分类[1]。

双侧下肢快速伸缩复合训练

　　双侧下肢快速伸缩复合训练同时使用身体的两侧。与传统的双侧下肢抗阻训练相比，双侧下肢快速伸缩复合训练以增加爆发性的动作来加大难度。每项训练都对强度进行了说明。

跳箱

强度

　　低

主要肌肉

- 股四头肌（股直肌，股内侧肌，股中间肌，股外侧肌）
- 臀大肌
- 腘绳肌（半膜肌，半腱肌，股二头肌）
- 腓肠肌

主要关节活动

- 髋关节伸展
- 膝关节伸展
- 踝关节屈曲

深蹲跳

强度

低

主要肌肉

- 股四头肌（股直肌，股内侧肌，股中间肌，股外侧肌）
- 臀大肌
- 腘绳肌（半膜肌，半腱肌，股二头肌）
- 腓肠肌

主要关节活动

- 髋关节伸展
- 膝关节伸展
- 踝关节屈曲

跳起摸高

强度

低

主要肌肉

- 股四头肌（股直肌，股内侧肌，股中间肌，股外侧肌）
- 臀大肌
- 腘绳肌（半膜肌，半腱肌，股二头肌）
- 腓肠肌

主要关节活动

- 髋关节伸展
- 膝关节伸展
- 踝关节屈曲

双腿屈膝跳

强度

中

主要肌肉

- 股四头肌（股直肌，股内侧肌，股中间肌，股外侧肌）
- 髂腰肌
- 臀大肌
- 腘绳肌（半膜肌，半腱肌，股二头肌）
- 腓肠肌

主要关节活动

- 髋关节伸展
- 髋关节屈曲
- 膝关节伸展
- 踝关节屈曲

跳深

强度

高

主要肌肉

- 股四头肌（股直肌，股内侧肌，股中间肌，股外侧肌）
- 臀大肌
- 腘绳肌（半膜肌，半腱肌，股二头肌）
- 腓肠肌

主要关节活动

- 髋关节伸展
- 膝关节伸展
- 踝关节屈曲

跳深至另一跳箱

强度

　　高

主要肌肉

- 股四头肌（股直肌，股内侧肌，股中间肌，股外侧肌）
- 臀大肌
- 腘绳肌（半膜肌，半腱肌，股二头肌）
- 腓肠肌

主要关节活动

- 髋关节伸展
- 膝关节伸展
- 踝关节屈曲

单侧下肢快速伸缩复合训练

　　单侧训练只能训练身体的一侧。与双侧下肢快速伸缩复合训练相似，对单侧下肢快速伸缩复合训练而言，和传统的单侧下肢抗阻训练相比，其通过增加爆发性的动作来加大难度。注意，每项训练都对强度进行了说明。

单腿向前跳

强度

　　低

主要肌肉

- 股四头肌（股直肌，股内侧肌，股中间肌，股外侧肌）
- 臀大肌
- 腘绳肌（半膜肌，半腱肌，股二头肌）
- 腓肠肌

主要关节活动

- 膝关节伸展
- 髋关节伸展
- 踝关节屈曲

单腿向前交替跳

强度

　　低

主要肌肉

- 股四头肌（股直肌，股内侧肌，股中间肌，股外侧肌）
- 臀大肌
- 腘绳肌（半膜肌，半腱肌，股二头肌）
- 腓肠肌

主要关节活动

- 膝关节伸展
- 髋关节伸展
- 踝关节屈曲

横向单腿跳

强度

低

主要肌肉

- 臀大肌
- 股四头肌（股直肌，股内侧肌，股中间肌，股外侧肌）
- 腘绳肌（半膜肌，半腱肌，股二头肌）
- 腓肠肌

主要关节活动

- 膝关节伸展
- 髋关节伸展
- 踝关节屈曲

横向单腿交替跳

强度

低

主要肌肉

- 臀大肌
- 股四头肌（股直肌，股内侧肌，股中间肌，股外侧肌）
- 腘绳肌（半膜肌，半腱肌，股二头肌）
- 腓肠肌

主要关节活动

- 膝关节伸展
- 髋关节伸展
- 踝关节屈曲

双腿侧向跳箱

强度

中

主要肌肉

- 股四头肌（股直肌，股内侧肌，股中间肌，股外侧肌）
- 臀大肌
- 腘绳肌（半膜肌，半腱肌，股二头肌）
- 腓肠肌

主要关节活动

- 膝关节伸展
- 髋关节伸展
- 踝关节屈曲

分腿蹲跳

强度

中

主要肌肉

- 股四头肌（股直肌，股内侧肌，股中间肌，股外侧肌）
- 臀大肌
- 腘绳肌（半膜肌，半腱肌，股二头肌）
- 腓肠肌

主要关节活动

- 髋关节伸展
- 膝关节伸展

交替分腿跳

强度

高

主要肌肉

- 股四头肌（股直肌，股内侧肌，股中间肌，股外侧肌）
- 髂腰肌
- 腘绳肌（半膜肌，半腱肌，股二头肌）
- 臀大肌

主要关节活动

- 髋关节伸展
- 髋关节屈曲
- 膝关节伸展

单腿垂直跳

强度

高

主要肌肉

- 股四头肌（股直肌，股内侧肌，股中间肌，股外侧肌）
- 臀大肌
- 腘绳肌（半膜肌，半腱肌，股二头肌）
- 腓肠肌

主要关节活动

- 髋关节伸展
- 膝关节伸展
- 踝关节屈曲

单腿屈膝跳

强度

高

主要肌肉

- 股四头肌（股直肌，股内侧肌，股中间肌，股外侧肌）
- 臀大肌
- 腘绳肌（半膜肌，半腱肌，股二头肌）
- 腓肠肌

主要关节活动

- 髋关节伸展
- 膝关节伸展
- 踝关节屈曲

上肢快速伸缩复合训练

　　上肢快速伸缩复合训练是一种爆发式训练，其利用上肢肌肉的快速收缩来增加力量、爆发力和速度。注意，每项训练都对强度进行了说明。

药球－胸前传球

强度

　　低

主要肌肉

- 胸大肌
- 三角肌前束

主要关节活动

- 肩关节水平内收

跪姿爆发式传球

强度

　　低

主要肌肉

- 胸大肌
- 三角肌前束

主要关节活动

- 肩关节水平内收

快速伸缩复合式俯卧撑

强度

中

主要肌肉

- 肱三头肌
- 胸大肌
- 三角肌前束
- 前锯肌

主要关节活动

- 肘关节伸展
- 肩关节水平内收
- 肩胛骨后缩

击掌俯卧撑

强度

中

主要肌肉

- 肱三头肌
- 胸大肌
- 三角肌前束
- 前锯肌

主要关节活动

- 肘关节伸展
- 肩关节水平内收
- 肩胛骨后缩

击掌俯卧撑（背后击掌）

强度

　　高

主要肌肉

- 肱三头肌
- 胸大肌
- 三角肌前束
- 前锯肌

主要关节活动

- 肘关节伸展
- 肩关节水平内收
- 肩带内侧滑动

药球−爆发式下砸

强度

　　高

主要肌肉

- 胸大肌
- 三角肌前束

主要关节活动

- 肩关节水平内收

史密斯训练架 – 爆发式卧推

强度

　　高

主要肌肉

- 肱三头肌
- 胸大肌
- 三角肌前束
- 前锯肌

主要关节活动

- 肘关节伸展
- 肩关节水平内收
- 肩胛骨前伸

深度俯卧撑

强度

　　高

主要肌肉

- 肱三头肌
- 胸大肌
- 三角肌前束
- 前锯肌

主要关节活动

- 肘关节伸展
- 肩关节水平内收
- 肩带内收

小结

肌肉时钟寻找生物力学上的相似性。两种训练使用相同或相似肌肉的程度，以及这些肌群的主要关节活动，决定了生物力学的相似性，并为肌肉时钟提供重要的训练计划和训练线索。基于生物力学相似性的配对训练为肌肉时钟提供了一致的时间线索，以帮助其预测运动类型和运动时间。只要知道哪些运动是可以预测的，以及何时让肌肉提前根据训练需求形成分子适应，就能够使肌肉表现达到最大化。

第3部分 | 制订有效的训练计划

第3部分将探讨如何全方位地运用配对训练来设计和实施抗阻训练。首先，我们将对预测训练展开探索。这是一个从运动学习中借鉴而来的概念，其强调了肌肉具备学习能力，能够预测即将到来的训练，并在训练开始前做出与抗阻训练效果相关联的生理变化。第5章还探讨了神经预测和肌肉预测之间的相似性，以及肌肉时钟如何利用这两种预测来改善抗阻训练的效果。此外，这一章还提供了一些设计说明，使读者能够立即应用这些概念的方法，来制订抗阻训练计划。

第6章以第5章为基础，探讨了有意训练不足的概念，同时还提出了以下观点：当我们将计划训练时间及活动－休息阶段的时间安排视作主要的计划变量时，训练不足也可以是一种可行的训练方法。当抗阻训练计划侧重于时间的安排并持续进行时，肌肉内部会出现某些分子作用，恢复也会得到优化。有意训练不足与只注重训练量和强度的抗阻训练正好相反，后者会让肌肉处于疲惫不堪的状态，常常引起过度训练与表现不佳的情况。

第3部分的其余章节主要探讨了训练的开发与计划的制订。使用第4章中详细介绍的训练和其他配对训练的图片，第7章向读者展示了如何使用生物力学相似性的配对训练来制订一次训练和训练计划，以进一步提高力量。这一章的末尾不仅提供了计划总结的陈述，还呈现了相关的示例，以便立即将这些成果应用到训练当中。

　　第7章关注的是力量的结果。第8章详细探讨了如何使用生物力学相似性的配对训练来制订训练计划，进而提高爆发力的效果。以复合训练方法为指导，选择第4章中配对训练的图片以及相关的新图片，向读者展示如何制订一次训练和训练计划，以便进一步提高肌肉爆发力。这一章还探讨了复合训练概念背后的科学，如激活后增强效应和神经启动，并将这些概念与肌肉时钟寻找的线索联系起来。这一章不仅涵盖了具体的计划设计，如准备好快速伸缩复合训练，并制订适当的强度与训练量指南，还阐明了如何从训练方法的角度来选择配对训练（如主动肌-拮抗肌配对训练以及其他常见的配对训练，如单侧-双侧和上肢-下肢训练）。章节的末尾不仅提供了计划总结的陈述，还介绍了相关的示例，以便读者将这些成果应用到训练当中。

　　心血管适能会给力量和爆发力训练带来重要的影响。此外，在任何综合性运动或体能训练计划中，心血管适能都是一种必不可少的元素。因此，第9章探讨了同步、多模式的训练和长期计划。这一章详细介绍了如何在避免肌肉大小、力量与爆发力结果受干扰的同时，将心血管训练整合到训练计划其中。章节的末尾不仅提供了具体的计划陈述，还介绍了相关的示例，以便读者随时都可以将这些成果应用到训练当中。

　　本书的最后一章阐述了在不削弱肌肉力量和爆发力的前提下，将柔韧性训练纳入同步训练的计划中。肌肉柔韧性不仅是肌肉时钟所寻找的时间线索，还是一种与肌肉力量及爆发力相关联的刺激。因此，它是整个计划当中的重要组成部分，不能被忽视或遗漏。第10章提供了制订柔韧性训练计划的建议。其中，重点探讨了如何避免肌肉力量与爆发力表现受到干扰，以及如何通过柔韧性训练来促进恢复。

第**5**章 | 训练肌肉的思考与预测能力

本章借鉴运动技能学习（一个探索结构良好的训练计划如何影响运动表现的研究领域），探讨如何运用运动训练与训练计划线索来教会肌肉预测即将到来的训练。那些教会肌肉预测即将到来的训练及计划方式不仅强化了肌肉的力量与爆发力，还改善了整体的肌肉表现。本章的开头，我们先探讨什么是中枢神经系统预测和肌肉预测，以及它们与肌肉时钟、生物力学配对训练以及肌肉表现的关系。此外，本章还探讨了年龄较大的运动员的运动学习，以及如何在该类运动员运动及康复的过程中运用生物力学配对训练来改善运动表现。与此同时，本章的末尾列出了相关的计划以及总结性陈述。

运动技能学习的影响

运动学习指掌握一项运动技能的过程，通过练习与改变，使新学习的技能变得完善和自动化。运动学习旨在巩固内部中枢神经系统和运动系统的过程，从而让运动员能够长久地掌握某项特定的技能。虽然在运动学习期间，我们会重点关注学习的过程，但其中也涵盖了与表现相关的其他方面，如保留已学的运动技能。因此，后续的文段中，我们将从不同的角度来阐述那些与年长的运动员及其计划相关的内容。最后，我们将探讨运动学习的最后一个方面是技能或运动的迁移，即掌握一项运动的时候，我们需要从中吸取经验，然后将其应用到学习更多类似的运动中。运动技能的迁移是在本书中使用生物力学配对训练方法的基础。当我们需要巩固运动的学习、保持、迁移以及执行层面时，使用相似肌群和关节活动的训练有利于运动技能的学习、保持、迁移和执行。

同步训练及其与干扰和肌肉表现的关系与生物力学上的配对训练有关，一般来说，与运动技能学习有关。作为一门学科，运动技能学习有助于我们解释肌肉时钟如何利用时间线索。最重要的是，如果同步训练的结构欠佳，那么或许会造成混乱并引起干扰。一个结构良好的运动训练计划可以为肌肉提供清晰和简洁的线索，包括运动的时间和即将进行运动的类型。此外，运动技能的学习，最重要的是，必须用正确的方法不断地进行训练计划，直到掌握为止。结构不良的训练计划或执行不正确的动作会给学习与技能掌握的效果带来不利影响。从生物力学的角度讲，当我们用不正确或草率的方式进行运动时，我们无法获得必要的训练和计划线索，如此一来，肌肉也无法进行相关的预测。例如，如果用不当的方法进行全身爆发力训练（如高翻）——倘若运动员未能完整地做完下肢的动作，那么肌肉将无法获得足够的与腿部肌肉运动相关的信息，或者更糟的是，它们会将训练当作只有上肢的动作。

抛开其他因素不谈，运动形式至关重要。在学习任何运动技能包括在抗阻训练时，良好的结构、正确的训练一直都是至关重要的因素。我们可以通过结构化训练来训练中枢神经系统、外周神经系统以及肌肉，根据需要执行期望的运动效果。就肌肉时钟在表现中的作用而言，随着时间的推移，结构良好的计划（如训练）可以让肌肉在每个24小时的阶段内有充足的时间来预测接下来会发生什么。抗阻训练及其利落的执行为肌肉时钟提供了重要的时间线索。在每个24小时的阶段内，持续计时的训练和计划，以及生物力学上相互配对的训练，能够为肌肉时钟提供最有效的线索，让肌肉知道应该预测什么类型的运动，以及何时进行运动。计时训练还有助于肌肉时钟发挥作用，如改善肌肉表现、使肌肉与其他身体系统同步、改善睡眠与恢复。

中枢神经系统预测

在心理学中，预测指能够预知某事并期待它的发生。预测是一种神经认知事件，包括学习与记忆、奖励与惩罚，以及激励。只有当运动员能够将内部和外部状态变化相关的反馈与体内稳态过程以及计时机制结合起来时，他们才能做出正确的预测。虽然整个预测过程会在几秒到几分钟内发生，但运动技能学习所需的时间框架会很长。例如，我们需要几个小时来掌握一项新的且简单的运动技能，或者需要几个月到几年的时间来真正掌握复杂的运动技能和顺序。除此之外，我们需要大量的时间来了解如何在运动训练以及训练计划中准确恰当地做出相应的预测[1]。

生物周期

众所周知，人类的日常节律周期为24小时，同样地，所有组织特定的生物时钟都有24小时的周期，这是由大脑中的主时钟所决定的。有了一致的时间线索，我们才会发现这些可预测的生理节律。就像第1部分中所讨论的那样，这些时间线索种类繁多——既包含大脑中主导光与昼夜的线索，又包含了肌肉时钟里的局部组织特异性的时间线索（如饮食习惯）。运动员可以通过时间线索来预测如日常时间这样的日常环境事件，并在这些预测的变化发生前，对局部组织，如肌肉，做出相应的改变。

选择的数量

对大多数人来说，选择越多，做决定的难度就越大。在运动技能的学习中，选择的动作越多，做出反应的时间就越长。反应时间，即反应发生的速度，受可用选择数量的负面影响最大。反应时间是一种神经系统事件，由大脑在启动反应之前循环可能的解决方案所需的时间决定。运动选择越多，神经处理时间就越长。例如，在运动中，当运动员需要快速反应时，因反应时间的增加而流失的那几秒或许就决定了最终的输赢。

生成反应的选择的数量增加了反应的时间，并对运动表现造成了不利影响。例如，在足球比赛中，如果一名后卫知道他的对手只有两种可能的移动线路，那么他就比知道对手有无限可能的移动线路的后卫更具优势。

选择的数量也会影响运动时间——从开始运动到完成运动的时间（反应时间）。抗阻训练里的重复次数便是运动时间的一个示例。人们将其定义为不连续运动，任何抗阻训练的重复练习，从肱二头肌弯举到硬拉，都有一个可辨别的起点和终点。当我们能够很轻易地感受重复的开始与结束时，肌肉时钟就可以获得与运动训练以及计划相关的宝贵线索。运动的机制很清楚，肌肉也知道该预测什么。

当运动选择的数量较少时，运动时间就会进一步缩短。例如，在训练中，如果运动员知道伸膝运动是唯一的选择，便可以加快反应时间和运动速度；相反，当运动员不清楚接下来应该进行深蹲、硬拉还是弓步时，其反应与运动的时间会增加，焦虑感也会增加，最终，运动表现也会因此而受到不利的影响。

　　就运动技能学习以及运动表现而言，可供选择的动作的数量十分关键。在运动训练和计划设计方面，我们可以通过某些一致性线索在恰当的时间做出正确的运动预测，与此同时，这些线索减少了选择的数量，创造了神经和肌肉方面的预测，加快了反应与运动的时间，并改善了肌肉表现。

不确定性

　　不确定性指运动员不知道接下来会发生什么。当运动员不知道该预测什么以及什么时候做出预测时，他们会因此而感到焦虑，同时，反应时间以及运动的时间也会有所增加。

　　在心理学和运动技能学习中，我们可以通过减少可选择的数量来减少不确定性。从本质上讲，减少不确定性意味着向人们提供关于预期内容和时间的高级信息，并提供协助以提高运动表现。

　　在运动训练和计划方面，我们可以通过配对生物力学上相似的训练，以及提供一致的线索来减少不确定性。其中，这些线索能够以日常时间和运动的频率为参照，来引导我们在恰当的时间做出正确的运动预测。生物力学上的相似性和定期的时间线索构成了神经和肌肉方面的预测，加快了反应与运动时间，并提高了运动表现。

在竞技体育中的应用

　　在体育和竞技比赛中，能够预见对手下一步行动的运动员通常会掌握大量的高级信息，他们能预测到接下来会发生什么。在任何体育运动中，只要运动员掌握了高级信息，他们便能获得明显的竞争优势。在运动和训练中，对高级信息的预测性反应是一个众所周知的神经和运动事件。如果我们懂得在恰当的时间做出正确的预测，大脑就可以在更短的时间内了解事态的发展，以及哪些运动会就此对计划做出反应。就运动员的表现而言，这意味着运动员可以通过快速的反应和移动来反击对手的动作，因为运动员知道该做出何种预测以及如何应对。

　　在竞赛和比赛中，运动员可以不断地从对手所提供的线索中预测事态的发展。那些知道如何利用这些信息的运动员可以预测下一步的行动。在选定反应方式之前，他们不需要处理以及过滤很多不同的信息。当运动员掌握高级信息并懂得如何运用这些信息时，他们便获得了一定的优势。从这点来看，研究对手在比赛中的表现和行为有助于运动员赢得最终的胜利。提前预测不仅可以减少不必要的运动反应、不确定性、焦虑，还可以提高运动表现。

运动和竞赛中，通常会包含以下高级信息：

- 动作顺序；
- 姿态变化；
- 手势；
- 眼球运动或眼神；
- 特定的运动模式和线索；
- 计时或计数顺序。

对当今的运动员来说，高级信息是一种真实存在的现象。在一项研究中，研究人员调查了足球运动员在比赛中对对手肢体语言的反应[7]。研究人员让39名足球运动员躺入核磁共振成像仪中，并让他们观看进攻球员直接向他们进攻的视频。根据技术水平的不同，研究人员将这些运动员分为新手球员和半职业球员。在一些片段中，负责进攻的球员会突然执行某个动作，从而打乱对方球员的阵脚。接着，该片段就会消失。视频一停，球员们需要根据他们刚刚看到的肢体语言来选择去哪个方向阻止带球的运动员。

正如预测的那样，半职业球员比新手球员更能正确地猜测正确的移动方向。研究人员分析了半职业球员的大脑活动，结果表明，他的镜像神经元系统处于非常活跃的状态，这不仅发生在某人执行动作时，也发生在观察他人执行某种技能时。换言之，经验丰富的球员能够正确地预测对手的动作并做出有效的反应。通过观察进攻者的进攻方式，经验丰富的球员能够预测对手的下一个动作，从而获得竞争优势。

高级信息，或预测运动中即将发生事件的能力，会增加获胜的概率。在运动训练与计划设计中，高级信息，如在具备了生物力学相似性的配对训练里获取的线索，让肌肉能够在训练前进行预测并做出局部变化，进而提高训练的有效性。

肌肉预测

当大脑能够接收高级信息并预测下一步的行动时，它的工作效率会大大提高。肌肉也是如此，正如前面所探讨的，肌肉的预测能力依赖于局部肌肉时钟接收到的高级信息，以及如何充分利用这些信息来为训练做准备。

肌肉预测是指肌肉利用其内部的分子时钟来预测其所在环境的变化，并在训练开始前做出与运动训练相关的必要分子变化。例如，在体育运动中，当运动员能够预测对手的下一个动作时，肌肉也能够完成类似的预测。当肌肉学会预测即将到来的运动和训练时，它们便可以为这些运动的需求做好生理上的准备，进而能够对肌肉生长、力量以及耐力相关的变化做出快速的反应（参见图5.1）。

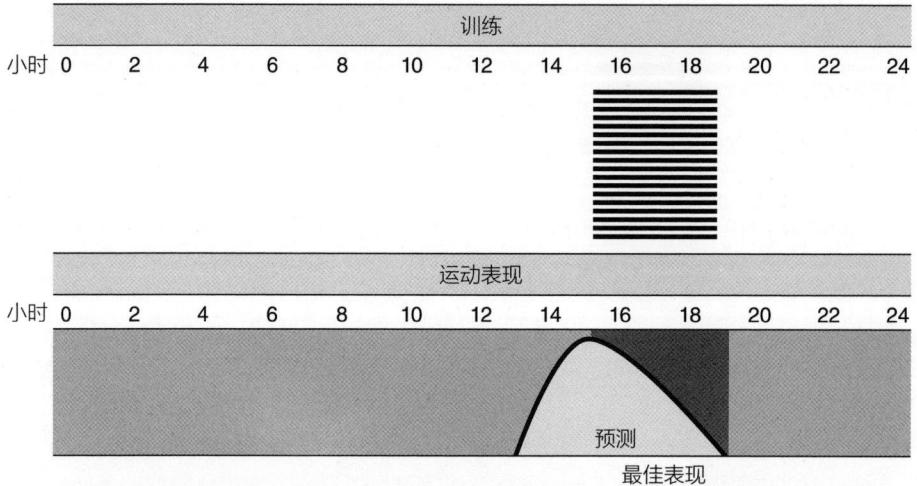

图5.1　肌肉预测。利用时间线索，肌肉便会知道如何预测及启动与肌肉运动相关的分子作用，从而提高运动表现。当肌肉能够从定期的训练计划以及训练所采用的运动类型中获得时间线索，并且懂得根据这些线索预测动作时，肌肉的表现最好[2]

源自：A. Mayeuf-Louchart, B. Staels, and H. Duez, "Skeletal Muscle Functions Around the Clock," *Diabetes, Obesity, and Metabolism* 17, suppl.1 (2015): 39-46.

　　当肌肉从定期的训练计划以及训练所使用的运动类型中获得时间线索，并且懂得根据这些线索做出预测时，它们可以在一系列复杂的分子作用的协助下，通过以下方面来改善肌肉表现：

- 调节新陈代谢；
- 减少体内脂肪；
- 生成更多的肌肉；
- 提高力量；
- 提高爆发力；
- 提高速度；
- 提高耐力；
- 促进更好的睡眠；

- 提高抗疲劳能力；

- 提高预防代谢疾病的能力；

- 加快恢复。

生物周期

虽然24小时的生物周期是一个常规概念，并且不涉及意识层面的管控，但肌肉的预测能力是一种习得性技能。在制订结构良好的训练计划并辅以正确的练习后，久而久之，我们便可以掌握该技能。然而，刚开始的时候，我们通常会观察体内自然的、有规律的节律，以便进一步了解如何在恰当的时间做出正确的预测。生理节律指24小时的生物周期，该周期能够预测每天的环境变化，并在预测性波动出现之前调整局部组织，从而促成长期的适应。所有内部时钟，包括肌肉时钟，都处于24小时的周期之内。因此，只有在24小时的周期内，才能传递最有效的线索。此外，应该每天计时安排不同类型（心血管耐力训练与抗阻训练）的训练，如此一来，肌肉时钟就可以学会预测什么时候进行哪种类型的训练。

选择的数量

正如本章前面所讨论的，当可用选择的数量增加时，反应（响应）时间也会增加；相反，当可用选择的数量较少时，反应时间也会缩短。换句话说，与不知道如何进行预测的运动员相比，一名清楚如何在恰当的时间做出正确预测的运动员的反应更快。可用选择的数量以及发起响应或做出反应所需的时间也会影响运动时间/完成运动所需的时间。例如，在抗阻训练中，运动时间指完成仰卧蹬腿所需的时间，即完成一次完整的重复动作所需的时间。

在某些情况下，我们需要更短的运动时间。爆发力训练期间，只有快速地运动，我们才能快速地产生肌肉力量。例如，为了提高爆发力，运动员必须进行如跳深这样的训练，以尽可能快地产生力量。爆发力训练使用肌肉的离心收缩以及牵张反射，来发展迅速的爆发式动作。和肌肉收缩的类型一样，我们也可以将跳深训练的机制视作时间线索，肌肉时钟利用这些时间线索来确定训练的类型及其执行的时间。因此，当我们能从神经层面预知事态的发展，肌肉也能在训练前进行预测并做出局部改变时，反应会更有效、动作的速度会更快、爆发力训练的效果也会更好。

选择的数量和运动反应的复杂性对反应与运动的影响已经得到了充分的证实。在一项研究中，专家将24名大学生分成两组，让他们分别进行了两项不同的反应时间任务[3]。其中的一组受试者执行的任务是通过简单4英寸（10.2厘米）的移动——从反应按钮的位置移动到正确的响应按钮的位置；想象将手指从桌子上的一个按钮移动到附近的另一个按钮。另一组受试者执行了类似的任务，但其中的移动过程更为复杂：他们首先向前移动12英寸（30.5厘米）拍打按钮，然后返回到响应按钮的所在位置；在脑海里将首次运动的距离扩大3倍后，推演出相对应的终止位置，并以拍打的方式将其记录下来。总的来说，第二个动作更为复杂。与此同时，该研究以第二种运动为参照，确定了简单运动与复杂运动在运动时间这一方面的不同之处。两组受试者均在每种选择条件下进行了20次试验（第一种简单的运动和第二种更为复杂的运动）。

虽然这些都是比较简单的运动，且不一定能如实反映抗阻训练的具体情况，但结果表明，对于复杂的运动任务，单一选择的反应时间明显快于多项选择的反应时间。当受试者事先知道他们将不得不执行复杂的运动时，他们会执行得更好。最后，研究表明，如果即将到来的运动较为复杂，运动时间就会随着选择数量的增加而增加。因此，运动选择的数量增加了复杂运动的运动时间（如那些与综合力量训练相关的运动）。

研究结果表明，当练习者事先知道该预测何种运动，运动选择又比较少时，他们可以更快地开始运动，执行效率也会因此而得到改善。这一现象不仅论证了肌肉具备预测能力的这一观点，还肯定了生物力学方面相似的配对训练的应用价值[3]。适时的运动训练、计划设计和配对训练不仅能够让我们在更短的时间内决定运动的执行顺序，还能增加反应以及运动的时间。换句话说，有了高级信息，练习者就不会急着确定下一步的行动，更不会计划相关的反应；相反，他们会更加专注当前正在进行的运动。

抗阻训练效果的应用

如果运动员获得了高级信息，或者提前知晓后续的运动方案，他们的中枢神经系统以及外周神经系统的执行效果就会更好。运动表现也受可用选择数量和运动复杂度的影响。这对抗阻训练计划而言有重要的意义，即可用的选择越少，运动的复杂度越低，肌肉表现就越好。当我们将具备生物力学相似性的运动配对后，训练课程便会在很大程度上调用相似的肌群以及关节活动，同时减少运动选项并降低运动复杂度，从而强化肌肉表现。

计划

当我们有策略地设计和执行运动训练以及计划的方法时，可以引导肌肉预测即将进行的训练，进而使其提前做出局部生理改变，以及提高肌肉表现。预测可以在几分钟到几年之内发生，而在抗阻训练和计划方面，肌肉需要几周到几个月的时间来学习一个规律的时间表，并由此预测即将进行的运动。

大多数运动专业人士在谈及长期计划时，都会首先想到周期化训练。周期化训练与肌肉表现以及预测之间存在联系。此外，该训练将贯穿一整个典型的周期内。如前所述，我们并不能够在短时间内掌握复杂的运动技能，相反，我们需要运用结构良好且正确的方式来进行长达数年的练习。

持续时间

我们需要花时间学习正确的抗阻训练机制，这样身体才有足够的时间去形成与训练相关的长期生理适应。一个真正的周期化训练计划将贯穿一整年，其中，每个循环将持续数周至数月的时间。尽管对大多数人来说，他们不会设计或实施一个完整且长达12个月的训练计划，但周期化循环有利于我们思考抗阻训练的时间安排、肌肉时钟、时间线索，以及长、短期预测之间的关系。

生物力学配对

现在，我们已经清楚生物力学相似性是一种训练方法，该方法能够将两种使用了相似的肌肉、肌群以及关节活动的训练配对。当我们在24小时内以一致的时间间隔将类似的训练配对后，肌肉的收缩和关节的活动便成了一致的夹带线索。有了这些线索，肌肉时钟不仅能制订时间表以及预测即将到来的训练，还能以每24小时为一阶段，在恰当的时间激活与抗阻训练相关的分子作用。

训练量与强度之间的关系

训练量是指在训练期间所做的运动量。在抗阻训练中，训练量指每一项练习的重复次数与组数的总和。训练量还可以与训练的频率（每周的天数）相结合，以反映一周内完成的总训练量。

训练量代表训练的过程中完成的运动量，而强度则代表了运动的难易程度。在抗阻训练中，我们通常会以运动员的一次最大重复努力的百分比来表示强度。实际上，我们可以精确地测量或估计最大努力程度。不管怎样，我们要记住的是，无论我们用何种形式（如举起的重量或跑步机上的速度）来表示强度，它都能够反映运动的难度。

通常情况下，训练量与训练的难度成正比。换言之，训练量与运动强度呈反比关系，这对肌肉预测来说十分重要。根据目前我们对肌肉时钟和肌肉表现的了解，肌肉不仅能够识别时间线索（如日常的运动时间），还能学会预测强度，提前对局部组织做出调整，以反映对高强度运动的预测[6]。

肌肉预测运动强度的能力对计划的成功至关重要。结果表明，肌肉不仅能识别心血管耐力训练和抗阻训练等不同的运动模式，还能识别抗阻训练，如力量训练与爆发力训练模式的不同。由于力量训练与爆发力训练的效果和训练方式各不相同，所以被肌肉时钟识别为不同的方式。强度，或者说举起的重量，在以肌肉力量效果为重点的抗阻训练中通常更高；然而，旨在改善爆发力效果的抗阻训练通常会采用较轻的重量，以产生更快的肌肉收缩。由于这两种抗阻训练各自有不同的模式，其中的强度、预期的效果以及肌肉的活动也各不相同。然而，肌肉时钟似乎注意到了这些差异，并在预测中对肌肉进行了局部调整。虽然我们不能仅凭单次的运动就实现与训练相关的长期适应，但是通过生物力学相互配对的训练，我们便可以大幅度地提高单节训练课的有效性。就像不同的运动模式之间会产生混淆一样，没有重点且混乱的抗阻训练也会带来不好的影响。在一节针对特定肌肉与运动模式的运动课程里，运动员会使用相似的肌肉、肌群以及关节活动进行训练，从而提高运动表现。

定期休息与恢复

有规律的休息对训练计划是至关重要的，因为它有助于为肌肉时钟提供时间线索。有了这些线索，肌肉便清楚什么时候该休息，什么时候该积极恢复。由于训练和恢复分别与不同的机制相关联，我们需要根据对训练或休息的预测来调整肌肉的局部组织。

安排休息时间也可以防止训练过度。如果休息过少，肌肉在运动后就得不到充分的修复，其生长过程也会因此而受到阻碍。在这种情形下，不仅得不到很好的表现效果，还有可能导致伤病。然而，如果休息太多，就会出现训练不足的情况。有计划的休息指在充分休息和过度休息之间取得平衡，同时，需要注意的是，后者会破坏肌肉的生长。

如果我们能在避免停训的同时，让肌肉充分休息，肌肉表现就会得到明显的改善。此外，我们需要区分休息与恢复之间的不同，因为良好的休息与恢复能够改善训练计划的效果。休息指人们在训练后所做的事情，也是整个日程安排的难点之一。然而，恢复指运动期间和运动后所出现的一系列活跃的生理过程。恢复过程能够确保肌肉发生积极的变化，有了这些变化，就能提高肌肉表现。

恢复是一种活跃的过程。在运动期间，运动员会原地进行慢跑或在抗阻训练之间进行动态拉伸，从而达到恢复的目的。虽然在抗阻训练中，我们更看重组间恢复阶段，但组内恢复阶段也很重要。在单个练习组内，或许会实现最小限度的恢复。此外，当我们需要执行高强度的抗阻训练计划，或运动员达到高阶水平时，常常会用到这种恢复方式。至少有一项研究表明，与时间更长的传统组间休息相比，10~120秒的组内恢复期能够让运动员在卧推时产生更大的力量与爆发力的输出[4]。研究人员找到了能够解释这一现象的原因：肌肉在得到短暂的休息后，必须在没有完全恢复的情况下完成一组训练，这样它们就不得不调用更多的肌纤维。

有计划的休息，无论是在运动过程中还是在运动间隙，都是训练计划的重要组成部分，休息为恢复提供了时间。它是24小时的周期中肌肉时钟的重要部分。因此，计时休息能够利用时间线索来引导肌肉在恰当的时间对训练与恢复进行预测。

示例

表5.1介绍了如何组织每周的运动训练，以便能够从肌肉的预测能力中获益。

表5.1 预期的计划

日期	时间	抗阻训练	强度	训练量（组数 × 重复次数）
周一	下午4点	深蹲	65%~85%的1RM	3~5组 × 6~10次
周二	休息			
周三	下午4点	深蹲	65%~85%的1RM	3~5组 × 6~10次
周四	下午4点	其他抗阻训练	其他抗阻训练	3~5组 × 6~10次
周五	下午4点	深蹲	65%~85%的1RM	3~5组 × 6~10次
周六	休息			
周日	下午4点	深蹲	65%~85%的1RM	3~5组 × 6~10次

计划总结

为了更好地利用大脑和肌肉在计划中的预测能力，请记住以下要点：

- 不确定性不仅会引起焦虑，还会降低大多数任务的表现（如运动任务）；
- 在运动训练和计划设计中，预测能力通过加快反应和缩短运动时间来提高肌肉表现；
- 肌肉可以学会预测即将到来的训练，因此，我们需要制订有规律的训练计划；
- 在定期训练的引导下，肌肉能够在恰当的时间激活与肌肉耐力或增肌、力量以及爆发力相关的分子作用。

预测与年龄相关的衰退

每当我们探讨与运动技能学习相关的话题时，都会谈及衰老，因为衰老会让肌肉预测即将到来的运动事件的能力大幅度地衰退[5]。随着儿童年龄的增长，预测性运动规划的能力会逐渐得到开发并成熟，接着，会在整个儿童时期持续发展，并且可能在整个生命周期中保持稳定。然而，到了70岁的时候，运动规划的表现大幅度地衰退，预测性运动规划能力也会衰退到儿童时期的水平。

目前，我们既不清楚如何从总体的角度来成功地预测运动规划，也不知道如何从认知的角度来调节与年龄相关的变化。因此，斯多科尔等人[5]进行了一项研究。该研究旨在辨别受正常衰老影响最大的认知与运动功能，并确定那些给成功的运动规划和肌肉表现带来这一影响的认知及运动因素。根据年龄的不同，受试者被分成两组：年轻组（平均年龄23岁）和老年组（平均年龄73.5岁）。正如预期的那样，测试结果表明，正常的衰老与认知及运动功能方面的显著衰退相关联。随着年龄的增长，精细的运动技能，如那些与捏合手指相关联的技能，衰退的迹象最为明显。正如预期的那样，神经处理速度和认知灵活性（快速切换想法的能力）也会随着年龄的增长而逐渐衰退。

不同年龄组之间，运动规划表现的变异性高达64%，对此，我们可以从认知功能处理速度、响应规划和认知灵活性这3个方面来给出相应的解释。这一结论表明，很大程度上，我们可以通过神经事件来解释与年龄相关的运动衰退。因此，我们有理由认为，预测性运动规划能力将受到认知控制过程的强烈影响，而认知控制过程似乎是补偿年龄相关性衰退的关键机制。

在这些发现的启发下，我们不仅能为年长运动员制订有效的训练计划，还能进一步论证生物力学方面相互配对的训练方法的应用价值。研究结果论证了以下观点：神经预测不仅影响肌肉表现，其中的认知运动过程还会随着年龄的增长而稳定衰退。由此可以看出，与其他训练方法相比，更简单且更集中的训练方法，如生物力学配对等方法，更适合年龄较大的运动员。

其中的原因在于，生物力学上相互配对的训练方法具备相似性，所以中枢神经系统需要处理的信息就变少了。类似的运动很大程度上调用了相同的肌群与关节活动，因此，所需的认知灵活性较少，运动员不必在两个或更多的想法（或运动）之间快速切换。生物力学的配对也能够促进运动技能的迁移。此处的迁移指运动员学习一项运动技能之后，能够运用这项运动技能很轻易地掌握其他与之类似的运动技能。在运动训练和计划设计中，迁移是一个至关重要的概念。例如，正确地掌握了靠墙深蹲之后，就可以很轻易地将这项运动技能迁移到任何其他类似的训练中，如前深蹲或颈后深蹲，进而转化为更复杂、更多样的蹲姿训练，如分腿蹲。

小结

运动技能学习是一门形成在神经科学基础上的历史学科；然而，当我们以一种新的方式将运动技能学习和肌肉结合起来进行思考时，就会发现，肌肉可以利用自身的内部时钟进行预测。关键是要认识到，在中枢神经系统的控制下，肌肉并非只是简单的效应器。研究表明，肌肉具备独立预测和行动的能力。肌肉利用自身的分子时钟作为指导，可以学会预测定期的运动训练与计划。也就是说，当我们制订一份有规律的训练或日程安排后，肌肉就可以预测相关的训练，并提前为随后的结果做好准备。肌肉时钟会根据接收到的线索来学习什么时候采取行动，从而帮助肌肉生长、强化力量、提高速度和耐力，并加快恢复的进程。肌肉是独立的生物系统，具有自己的自然节律和局部处理流程。因此，如果我们能够理解其中的机理并加以利用，就可以在不久的未来将体能训练提升至更高的水平。

第**6**章 | 训练不足对运动表现的优化

有意训练不足并非一个全新的概念，并且已经在训练负荷管理方面得到了相关的探索；然而，目前我们仍在探索如何将肌肉时钟以及抗阻训练的策略性时间安排纳入涵盖了有意训练不足的计划其中，并以此来检验训练不足。与此同时，本章也将就这方面的内容展开详细探讨。在这一章中，我们提出了以下观点：当我们将时间线索（如定期的运动训练与活动－休息阶段）用作主要的训练计划变量时，有意训练不足便具备了一定的可行性。对此，我们提出了相应的假设：当我们持续执行一个侧重于时间安排的抗阻训练计划时，肌肉时钟不仅可以提供运动训练以及计划方面的线索，还会在训练前激活分子作用，从而强化肌肉表现和改善训练效果。

有意训练不足与只注重训练量和强度的抗阻训练系统正好相反，后者会让肌肉处于疲惫不堪的状态，常常导致训练过度。相比之下，有意训练不足与训练计划的策略相一致，这些策略会重点关注肌肉时钟所接收的时间线索以及身体对这些线索的反应，进而根据二者的关系来监控训练负荷。在本章的最后一部分，我们探讨了不同的训练方法，并由此阐述如何通过更改运动训练和计划来构建训练与课程。

训练负荷

训练负荷是训练频率、训练量和训练强度构成的累积效应。如果两名运动员每人每年总共训练350小时，但每小时的训练强度均有不同，那么其训练负荷也就各不相同。除了查看全年的训练负荷外，还需要仔细地监控和考虑每节课以及每周的训练负荷，以便在避免训练过度的同时，优化表现效果。

外部训练负荷

外部训练负荷衡量的是训练以及竞赛期间的训练量。通过分析常见的计划变量，如训练模式（如全身爆发力训练和快速伸缩复合训练）、频率、组数和重复次数以及强度，我们可以对外部训练负荷进行量化。外部训练负荷是肌肉表现因素（如力量、爆发力、速度和加速度）的指标，同时，我们可以运用特定的肌肉表现测试来对其进行衡量。

内部训练负荷

我们可以将外部训练负荷看作是身体在训练过程中承受的负荷，而内部训练负荷则反映了身体对外部训练负荷的反应，即训练或比赛过程中产生的生理与心理方面的压力。测量内部训练负荷和身体对总训练负荷的反应的常用指标包括心率、血乳酸水平、耗氧量以及主观运动强度量表（RPE）。

训练负荷的整合

外部训练负荷能够与内部训练负荷协同工作。虽然它们反映了训练的不同方面，并且各自有不同的定义和衡量方式，但它们之间存在相互依存的关系。例如，我们经常遇见这样的情况：在连续或非连续的两次训练中，运动员以相似的外部训练负荷（其中的抗阻训练的量与强度较为类似）进行训练，但在测量心率和主观运动强度时，出现了两种不同的内部训练负荷反应。外部训练负荷和内部训练负荷之间的不一致反映了一个事实，即身体对训练负荷的反应因人而异，这是由许多因素造成的，如疲劳、睡眠质量、其他个人压力以及最近的训练。

疲劳标记

疲劳标记是一种可以量化运动员疲劳程度的指标和识别过度训练的常见症状。因此，我们可以对训练负荷做出相应的调整。疲劳标记越多，训练与比赛期间和之后受伤、患病的风险就越大，运动员的表现也会受到不利影响。疲劳标记不仅包含生理因素，如肌电图（EMG）测量的肌肉活动、电活性的强度与频率、肌肉脱氧作用、耗氧量、心率，还包含心理因素，如恢复–压力问卷（RESTQ）测量的睡眠与休息质量。综合考虑所有因素后，我们可以根据生理与心理疲劳指标来判断运动员的整体健康状况以及过度训练和表现不佳的可能性。

所有的疲劳指标都非常重要。然而，睡眠质量可能是肌肉恢复、心理健康以及训练和比赛表现方面最重要的决定因素。睡眠不足会给主观幸福感、肌肉表现以及训练质量带来不利影响。对运动员和任何经常进行高强度运动的人而言，较差的睡眠质量会带来很大的问题。一项综述研究表明，专家对1600多项研究进行分析，并确定了运动员的睡眠质量。结果发现，运动员的入睡时间更长、苏醒的次数更多、报告的睡眠不具有恢复性、白天过度疲劳，所有的这些因素都会给训练质量以及肌肉表现带来不利影响[5]。

训练比率

虽然我们并不能完全避免疲劳，但如果我们在一段时间内对训练的模式、频率、量和强度进行仔细的监控和策略性的管控，疲劳的情况就会有所缓解。训练比率反映了急性（一次）与慢性（一段时间）训练负荷比率之间的关系。训练比率分为两类，即每周急性训练负荷，和每周或每月的慢性训练负荷。

急性和慢性训练负荷都很重要。急性训练负荷反映的是单次训练的模式、频率、量和强度，而慢性训练负荷则反映一段时间内训练的模式、频率、量和强度。如果我们将运动训练和计划在充当肌肉时钟的时间线索方面所起的作用，以及训练中生物力学方面相配对的训练的作用纳入考虑范围，那么我们除了能轻易地选择正确的运动（模式），还能仔细地监控频率、训练量以及强度的各个方面。如此一来，随着时间的推移，肌肉就能够获得一致的时间线索，其表现也会得到改善。

有意训练不足

过度训练不仅起到反作用，还有可能带来致命的影响。过度训练扰乱了身体的自然周期和节律后，生物系统就达不到同步的状态。除了容易观察到的干扰外，过度训练还会增加自由基的数量。自由基是一种不稳定的原子，这种原子不仅会让肌肉内的蛋白细胞产生负向变化和氧化性损伤，还可能导致疾病[8]。

过度训练也会导致不必要的分解代谢或肌肉分解。更糟糕的是，过度训练会让身体产生皮质醇——一种压力激素，会导致更多的肌肉分解。此外，在这种物质的影响下，身体会保留更多的脂肪。

或许，我们不仅可以通过训练不足来解决过度训练所造成的威胁，还能利用这一方法来调节训练负荷。然而问题在于，大多数人都认为训练不足意味着表现不佳。在这种思路的影响下，他们或许会设定过高的训练量以及强度。如此一来，运动员就不得不面对过度训练、疲劳以及受伤的情况，所有这些因素都可能使运动员在训练和比赛中表现不佳，甚至导致受伤或死亡。

当我们了解运动是复杂的这一事实后，就能进一步思考训练不足的有效性。如前所述，即使训练负荷相同，疲劳以及其他个人因素，如警觉性、压力和精神状态，也会影响训练结果。简化的训练计划，如采用生物力学上相似的训练和一致的计划时间线索，不仅可以使用肌肉时钟，还能让肌肉为训练和比赛做好准备。此外，该类型的计划能够一边避免运动员的过度训练，一边增加训练量与强度。

无论是在运动选择还是训练计划中，肌肉时钟的数据都论证了一个说法，即设计简洁的抗阻训练也能够展现出很好的效果。如前几章所述，运动选择可以归结为生物力学方面容易配对的训练，这种训练能够为肌肉时钟提供关键的运动训练与计划线索。与此同时，有规律的定期运动和精心计划的训练负荷不仅有助于肌肉时钟了解恰当的预测时机，甚至还能在训练开始前激活与肌肉表现相关联的适应机制。

训练中所做的内容决定了过度训练的情况。然而，良好的恢复也能够让我们获得不错的肌肉表现的效果。在运动训练和计划设计中，休息和训练负荷本身一样，都会给训练效果带来深远的影响。需要记住的是，我们可以随意增加强度或训练量，从而达到特定的表现目标。然而，在克服过度训练所导致的过度使用性受伤和各种生理与心理影响要复杂得多。因此，我们认为肌肉是聪明的，可以学会以训练结果的思维模式来进行训练是至关重要的。

对肌肉智商的新看法

发现肌肉时钟的存在之后，我们知道，肌肉是自主的，可以智能地活动。在正确的运动训练和训练计划线索的引导下，肌肉能够以预测的方式了解何时应该激活与肌肉表现相关的分子作用。经过研究，我们知道，肌肉并非是受控于中枢神经系统的简单效应器；相反，其不仅具备一定的自主性，还能起到一定的调节作用。此外，研究人员发现，人体的600多块骨骼肌中，每一块都有独立的肌肉时钟，与此同时，该发现也很好地论证了肌肉的智慧与自主性。肌肉时钟由许多独特的基因组成，这些基因从外部和内部环境中接收时间线索，然后以一种利于肌肉表现的方式表达出来。事实上，肌肉时钟不仅能够在一天中的不同时间显露出不同的基因表达，还会对不同的时间线索做出反应。由此看来，肌肉是智能的，能够对环境因素（如运动训练与计划引起的变化）做出反应。与此同时，除了效应器以外，肌肉还充当着人体内的自主调节器。

肌肉不是负重的"野兽"

肌肉不是负重的"野兽"，也不是受控于中枢神经系统的简单效应器。肌肉占人体总质量的40%以上。此外，肌肉时钟的发现表明，肌肉是独立的生物系统，有自己的内部时钟、自然节律和局部组织处理流程，既能够对环境和其他身体系统做出反应，又能对整个身体的功能起到调节作用。考虑到肌肉独特的预测和自我调节能力，教练应有很多新的、智能的方法来进行抗阻训练，而不仅仅是增加负荷、提高训练量、加大强度，这些都可能会导致过度训练。

肌肉具备预测能力

当大脑接收到高级信息，并能预测下一步的行动时，它的效率就会大大提高。肌肉也是如此，正如第5章所讨论的，肌肉的预测能力取决于局部肌肉时钟接收到的有关运动训练和计划的信息，以及它们如何利用这些信息为即将到来的训练做准备。

肌肉预测是肌肉的一种能力，它利用其内部分子时钟，预测其局部环境内外的变化，并提前做出与抗阻训练相关的分子变化。在体育运动中，运动员可以通过正确的训练和信息来预测对手的下一步行动，肌肉也是如此。当肌肉学会预测即将到来的训练及其所包含的训练时，它们不仅能够从生理方面为运动需求做好准备，还能迅速地对与肌肉生长、力量以及爆发力相关的变化做出反应。

虽然24小时的生物周期是正常的，并且不需要大脑或肌肉等局部组织从意识层面对其进行管控，但是肌肉的预测能力是一种习得性技能。为了掌握该项技能，我们需要制订结构良好的训练计划，并在一段时间内按照计划进行相应的训练。首先，我们需要关注现有的运动训练与训练计划线索，并在预测的变化出现前对局部组织做出改变，如此一来，我们就能在恰当的时间做出正确的预测。如果肌肉能够预测即将到来的训练，那么运动员就能对慢性运动获得积极长期的适应。

所有的内部时钟，包括肌肉时钟，都处于24小时的周期之内。因此，只有在24小时的周期内，才能传递最有效的线索。此外，每天应计时安排运动训练与训练计划线索，如运动类型（心血管耐力训练和抗阻训练）和模式（生物力学方面相配对的训练），这样一来，肌肉时钟就可以学会预测在每24小时内即将进行什么类型的训练。

肌肉可以交流

很久之前，人们就清楚骨骼肌会影响其他组织。很明显，在肌肉时钟和肌肉收缩时肌动蛋白的释放的推动下，肌肉能够和其他组织以及系统相互交流，从而构建一种互联的关系。当肌肉将肌动蛋白释放到血液中时，它们就会向身体传递肌肉收缩的信号。其他时钟，如大脑中的主时钟，不仅能够识别肌动蛋白发出的信号，还能每天实时地了解肌肉的收缩时间。除了重设时钟外，骨骼肌收缩还会引起身体方面的变化，如刺激葡萄糖的吸收，从而改善肌肉表现并加快恢复的进程。

人们认识到，肌肉通过释放肌动蛋白来与其他组织和器官进行交流。如前所述，当骨骼肌收缩时，会将肌动蛋白释放到血液中并将其传递到其他组织，以此来传递与肌肉活动的时间及类型相关的信息。这些信息能够为体内的内部时钟构建活动-休息模式以及昼夜循环。我们所熟知的交互作用，即由肌动蛋白推动的组织间交流，不仅促进了其他组织的同步，还维持了跨组织的生理节律之间的一致性。此外，骨骼肌节律紊乱或不同步会给整个身体带来不利影响。

事实上，本书主要探讨的是互联与交互作用的发生机制，以及如何将与肌肉的收缩时间相关的信息传递给其他的身体系统。这两方面强调了定期运动的价值、运动方式的一致性、肌肉的自主性，以及利用肌肉的这些独特特征来协助制订有效的抗阻训练计划的智慧。此外，需要记住的是，有效的训练计划更多地依赖于时间线索，而不是仅仅依赖于训练量以及强度的增加。

为肌肉提供时间线索

肌肉时钟从运动训练和计划中获得时间线索后，我们就可以从中了解肌肉时钟在抗阻训练里所起的作用、运动如何影响其他身体系统与时钟，以及有意训练不足的作用机制。重要的是要记住，在获取运动训练与训练计划线索之后，肌肉时钟不仅能更好地调节肌肉表现，还能让肌肉表现与其他身体系统保持同步。局部肌肉表现和身体系统同步不仅有利于运动员获得最佳的运动表现，还能加快恢复的进程。有了策略性时间线索，即便是那些与低－中等强度训练相关的线索，我们也可以通过肌肉收缩来重新设定肌肉时钟，从而加快与肌肉表现、预测以及恢复相关的代谢功能等过程。

避免进入训练量与训练强度的陷阱

如果只是增加训练量和强度，肌肉就会处于疲惫不堪的状态，最终也会因此而出现训练过度的情况。虽然训练负荷被定义为训练量与训练强度的累积效应，但除了训练量和强度的增减情况，我们还要考虑其他方面。为了能够进行全面的分析，我们会采用经过简化的训练计划（如生物力学方面相似的训练）和训练方法（如后面章节所探讨的综合的、复合的，以及对照训练方法），以及一致的计划时间线索。在这些方法的影响下，肌肉时钟会让肌肉提前为训练和比赛做准备，如此一来，那些肌肉不仅可以获得最佳的表现和效果，还能避免因训练量和强度的增加而引起的过度训练。

训练不足的基本原理

当训练过于频繁或增加了训练量和强度时，就会导致训练过度的情况。当运动员过度训练后，就会出现以下症状：疲劳、抑郁、丧失动机、焦虑、注意力不集中、血压升高、心率增加、受伤的概率增加、慢性肌肉酸痛、延迟恢复、睡眠质量不佳以及失眠[7]。上述的所有迹象都会给肌肉表现带来不利影响。

很明显，过度训练之后，肌肉表现就无法达到最佳状态。然而，我们很难确定理想的训练负荷，因为在个体因素（如睡眠质量）的作用下，外部训练负荷对内部训练负荷和肌肉表现效果的支配度将受到显著的影响。高强度训练负荷与睡眠障碍之间的独特关系进一步强调了有意训练不足的基本原理。如果运动员感到疲劳与不适，即便训练负荷再大，训练都可能是无效的。因此，我们可以通过有意训练不足来缓解高强度训练负荷与睡眠障碍之间的关系。虽然并非所有训练都具备低强度到中等强度，但如果运用得当，我们就可以通过周期化的有意训练不足来解决睡眠障碍及其对训练效果和肌肉表现的长期影响。考虑到有意训练不足是一种依赖于肌肉识别时间线索的训练方法，我们可以用该训练方法来改善周期性低强度到中等强度训练的效果。

神经疲劳

当大脑感到疲劳且无法高效地向肌肉传输信号和引起收缩时，就会出现神经疲劳。神经运动能力丧失，或神经向肌肉产生持续信号的能力丧失，将对积极的肌肉训练效果造成严重威胁。和任何类型的疲劳一样，神经疲劳具备一定危险性，因为它能够导致肌肉收缩达不到最大限度、产生的力量大幅减少、动作模式欠佳，以及肌肉疲劳与损伤。

肌肉疲劳

肌肉疲劳是指肌肉不能再产生力量。肌肉疲劳是由神经疲劳，或者肌纤维的收缩能力下降所引起的。当代谢方面出现疲劳时，肌肉的收缩能力就会受到不利影响。此外，当肌肉的工作速度超过三磷酸腺苷的生成速度时，也会引起代谢疲劳。

当训练量与强度过高且恢复时间太短时，肌肉收缩力就会发生变化，而这种变化将引发肌肉疲劳。训练期间，肌肉难免会疲劳。因此，在没有过度运动和训练的情况下，一般都不会引发严重的问题。过度的肌肉疲劳会导致表现不佳，因此，最佳的恢复时间至关重要——它可以让我们了解如何利用有意训练不足来减少疲劳和优化训练效果。

在高强度和大运动量的训练条件下，肌肉会失去收缩能力，并且很快就会疲劳。鉴于这一基本原理，我们需要考虑采用不受强度与训练量影响的替代性训练方法。对此，本书探索了一种可行的训练方法，即将生物力学方面相类似的训练配对在一起。其中的简单性不仅为肌肉时钟提供了可靠且可预测的时间线索，还改善了肌肉表现。从这个角度来看，如果将生物力学方面相类似的训练配对到一起，我们就能够更好地管理训练负荷。

正如本章后面所讨论的，对照式抗阻训练是一种在结合高强度训练的情况下，用低强度训练代替中高强度训练的方法。与第8章探讨的复合抗阻训练一样，对照训练法也会通过激活后增强效应来发掘低强度训练的价值。此处的激活后增强效应是指一种神经事件，该事件不仅可以使神经为更快的行动做好准备，还能高效地调动所需的肌纤维。激活后增强效应表明，如果我们在进行另一项运动前完成类似的运动，那么肌纤维对第二项运动的反应就会更加灵敏。因此，低强度和高强度的相似训练的配对，是在不增加训练强度的情况下增加训练负荷和效率的一种方法。

训练不足的好处

正如前面的章节所列举的，过度训练会带来一些负面的效果[7]，在这种情况下，肌肉表现会受到不利影响。与过度训练相反，有意训练不足则不会导致过度疲劳、睡眠障碍和其他过度训练的症状，这些症状会使训练和训练计划失去效果。训练不足的一些好处在于，能够减少因急性疲劳而受伤或死亡的风险、改善肌肉表现、增强恢复能力，以及改善睡眠质量。

减少受伤或死亡的风险

过度训练会适得其反，破坏身体的自然循环与节律。过度训练会导致肌肉表现有所下降、停训以及真正的比赛失利。在比赛环境中，尤其对对抗性体育项目而言，过度训练或许会给运动员带来致命的风险。在对抗性运动中，疲劳、精神警觉性的削弱，以及注意力不集中或许会给运动员带来极其不良的影响。因为在该类型的运动中，当运动员能够敏锐地感知对手的行动并适当做出反应时，他们就能够避免受伤或更糟的情况发生，这一点是至关重要的。

我们可以这样理解过度训练的实际情况：过多的训练和准备会破坏身体的自然防御，导致身体组织的自我破坏，进而引发疾病。过度训练会增加自由基的数量，组织会出现不同程度的受损情况。自由基是自然产生的，但在正常情况下，它们会被身体分解并清除。然而，在自由基过量的情况下，会引起肌肉的氧化损伤。

减少过度训练综合征的风险

有意训练不足使用低强度的训练，降低了训练频率，增加了休息时间，因此，降低了过度训练的风险。当我们将有意训练不足纳入长期计划，并在训练期间运用得当时，就能够防范与过度训练相关的风险。

降低心理障碍的风险

人们普遍认为，过度训练会导致睡眠质量下降、失眠、焦虑和抑郁，这些都是增加心理障碍风险的因素。过度训练不仅增加肾上腺素和去甲肾上腺素的水平，还会引起心率与血压不必要的升高。值得注意的是，这两种情况都会给身心健康带来不利影响。除了我们所熟知的不良心理副作用外，肾上腺素和去甲肾上腺素的长期升高还会降低睾酮水平。如此一来，就会导致肌肉萎缩和发育迟缓或抑制训练适应能力。

提高运动表现

当抗阻训练计划旨在为肌肉时钟和肌肉提供一致的时间线索时，有意训练不足可以提高运动表现。有了运动训练与训练计划线索，我们所期望的肌肉表现相关性分子作用就能够在训练开始前得到激活，这样一来，抗阻训练的效果也会有所改善。当肌肉预先了解事态的发展时，它们就会为表现做好准备。在这种情况下，可以最大限度地发挥在健身房锻炼的时间效益，而不只是通过超负荷来刺激与肌肉生长、力量以及爆发力效果相关的分子机制。

减少恢复时间

肌肉收缩力受抗阻训练的影响，因此，高强度（通常定义为>80%的1RM）抗阻训练结束之后，肌肉的力量至少需要48小时才能恢复到基线水平[2]。与疲劳程度较轻的肌肉相比，因过度训练而疲劳的肌肉需要更长的恢复时间。任何时候，只要进行了中等至高强度的抗阻训练，我们都需要给肌肉预留至少48小时的恢复时间。除了抗阻训练的强度外，肌肉收缩力也会受到抗阻训练的频率的影响，计划变量如果使用过多会引起训练过度，需要增加恢复时间；然而，有策略的有意训练不足会缩短恢复时间。

差异化计划

我们需要通过新的计划解决方案来调节训练负荷，从而避免过度地增加训练量与强度。改变训练模式之后，我们就能改变抗阻训练的方法。在这种情况下，建议使用单侧和双侧的训练。其中，双侧训练的应用频率更高。一项研究以有经验的年轻篮球运动员为研究对象，比较了单侧和双侧抗阻训练的效果[4]。

在该研究中，抗阻训练计划持续了6周，其内容包含3组单侧或双侧90°的深蹲。受试者需反复进行这些训练，直到爆发力输出下降至低于最大爆发力输出的10%以下。除深蹲训练外，两组受试者均进行了2组（每组5次）单侧或双侧跳深训练以及2组（每组5次）单侧或双侧反向跳跃训练。实验的不同点在于，一组受试者进行单侧抗阻训练，而另一组受试者则进行双侧抗阻训练。研究人员测量了双侧和单侧抗阻训练对单腿力量输出、肢体间不平衡、双侧缺陷、方向改变、直线冲刺以及跳跃表现的影响。在为期6周的训练前和训练后，受试者分别进行了递增的双侧与单侧深蹲负荷测试、多次变向测试（V形切入测试）、15米冲刺测试（右腿和左腿均进行180°变向）、一项25米的冲刺测试（5米和15米分别计时）以及一项反向跳跃测试。在此期间，研究人员逐一评估了受试者在各项测试里的表现。

结果表明，两组受试者在180°右侧变向、双侧与单侧最大爆发力输出、25米冲刺以及反向跳跃方面均得到了显著改善。然而，相较于双侧抗阻训练组，单侧抗阻训练组在180°左侧变向、左右下肢最大爆发力输出、肢体间不平衡以及双侧缺陷方面表现得更好。这些结果非常重要，因为它们表明，虽然这两个训练计划均大大改善了大部分的身体能力，但单侧抗阻训练减少了肢体之间的不对称性，并让某些动作的效率得到了更大的改善，而这些动作往往需要受试者施加单侧的肌肉力量。结果表明，单侧抗阻训练比双侧抗阻训练更有效，是区分计划设计和增加训练负荷的可行方法。

以活动-休息间歇为主

活动-休息间歇是指身体在活动和休息中所花费的时间。对大多数人来说，如果获得了环境线索，如与24小时周期中的日常时间相关联的明-暗周期，就能够较为轻易地预测活动-休息间歇。对大多数人来说，明-暗周期决定了睡眠与活动的关系；然而，正如前面所讨论的，高强度训练会破坏睡眠质量，身体的自然活动-休息周期也会因此而受到不利影响。

或许，每个人都有不同的活动-休息模式，具体取决于个体的时间类型（早上活跃，还是夜晚活跃）。然而，在运动训练和计划设定中，我们往往可以做出相关预测。我们通常会以大多数人的自然活动-休息模式为准，在白天安排训练，而持续定期的运动训练则为肌肉提供了与这些活动-休息模式相关的线索，使它们能够在训练前做好准备。有意训练不足通过身体的自然活动-休息间歇来构建定期的训练计划，这些计划会通过肌肉时钟的时间线索来提高训练的效率，而不只是单纯地增加训练负荷。

以间歇性休息为主

间歇性休息或隔天休息能够为肌肉提供时间线索。具体来说,在间歇休息时,训练频率和以明-暗周期为基础的活动-休息间歇会在24小时内为肌肉提供一致的时间线索。

作为一种训练计划策略,间歇性休息是指每周安排两个不相连的休息日,而不是按照传统的做法,将连续休息的时间安排在周末。这一提议论证了这样一个事实,即无论一周中的哪一天,肌肉时钟都会处于24小时的周期内,并且它会在维持24小时作息时间的基础上为肌肉提供和日常时间以及活动-休息周期相关的一致性时间线索。

在一项研究中,研究人员比较了综合抗阻训练(隔日进行力量与爆发力训练)和复合抗阻训练(一次训练中同时进行力量与爆发力训练)对肌肉力量、高速运动表现,以及肌肉成分的影响[10]。在这项研究中,18名年轻男子连续6周,每周完成3次综合或复合的抗阻训练。训练内容包括卧推、卧蹬和在史密斯训练架上深蹲以及跳跃。训练前后,研究人员测试了受试者跳跃与投掷的表现,以及他们在进行卧推和在史密斯训练架上深蹲时所发挥出的最大力量。此外,研究人员还利用超声来检查股外侧肌和腓肠肌的结构,以及通过肌肉活检来采集更多与股外侧肌的形态学相关联的信息。

研究结果表明,作为衡量肌肉力量的一项指标,跳跃和投掷的表现只有在综合训练中才能有所改善。就卧推、卧蹬和在史密斯训练架上深蹲而言,绝对力量随着综合训练以及复合训练的增加而增加,但肌纤维横截面积只有在复合训练后才会有所增加。结果表明,在复合训练计划里,跳跃与投掷方面的表现明显更好。由此看来,相较于同一天进行的力量与爆发力训练,至少相隔1天的短期力量与爆发力训练能够更大程度上提高下肢以及全身的爆发力。然而,这里需要提及的是,与隔日的训练相比,复合训练更能提高肌肉力量和促进增肌。

总的来说,这些结果表明,我们可以通过复合训练来发展上、下肢的力量,这是一种降低过度训练相关风险的方法。此外,复合训练模式不仅能够让肌肉和肌肉时钟维持24小时的作息时间,其中还涵盖了明确的活动-休息模式以及交替休息日的计划。

运动案例

如前所述，我们可以改变训练的执行方式，从而避免过度训练的情况发生。一项研究比较了两种不同的抗阻训练计划对16岁男子足球运动员运动表现的影响[6]。值得注意的是，这项研究是在运动员赛季的关键时期进行的，比赛时间会增加训练负荷的总量。这些运动员被分成两组，一组进行标准的抗阻训练，另一组进行对照式抗阻训练（高负荷和低负荷交替进行）。对照式抗阻训练特别适合调节训练负荷，因为该训练利用较轻的负荷代替较重或中等的负荷。因此，虽说训练量相对较高，但整体强度却较为适中。

每组每周进行两次标准的抗阻训练或对照式抗阻训练，共8周。抗阻训练计划实施前后，研究人员利用8项测试来评价运动表现。测试的内容如下：40米冲刺，4×5米冲刺，带180°转身的9-3-6-3-9米冲刺，带前、后跑的9-3-6-3-9米冲刺，反复往返冲刺，反复变向，深蹲跳以及反向跳。最重要的发现是，这两种抗阻训练计划都提高了运动员所有冲刺测试的成绩。与对照组相比，标准抗阻训练组和对照式抗阻训练组在180°转身的冲刺测试和前、后跑的冲刺测试以及4×5米冲刺测试中均得到了显著的提高。在对照式力量训练方法的支持下，相较于标准抗阻训练组和对照组，运动员在4×5米冲刺测试和反复变向测试里的表现也有所改善。我们可以利用标准跳跃和反向跳的高度来评估肌肉力量，与此同时，这两项指标在标准抗阻训练组和对照式抗阻训练组中均有显著的提高。

同样需要注意的是，这项研究是在赛季期进行的，因此，比赛时间不仅影响整体的训练负荷、频率以及强度，还会影响疲劳和过度训练的可能性，而所有的这些因素都可能会影响最终的测试结果。然而，最终的研究结论仍然是相同的：在赛季期间，历经8周的对照式抗阻训练之后，相较于标准的抗阻训练，年轻男子足球运动员的一些运动表现指标有了更大的改善。这一发现论证了这样一项建议，即计划其中，应采用差异化模式以及训练方法来对抗过度训练产生的风险。

以恢复为主

计划的修改及其相关建议应以恢复为主，以便充分利用和管控训练变量，进而充分发挥有意训练不足的用处。交替的训练日（复合训练）能够让运动员在两次训练之间得到最小限度的恢复，但更重要的是，这能够让肌肉时钟保持24小时的作息时间。相关文献表明，当我们在不同的日子进行训练时，可以更好地发展肌肉力量。具体来讲，一项研究表明，相较于复合抗阻训练，综合抗阻训练计划能够让运动员在跳跃和投掷方面获得更好的表现。由此我们可以看出，与在同一节课进行力量训练与爆发力训练相比，如果我们将力量训练与爆发力训练隔日进行，就能够在更大程度上强化下肢和全身的爆发力[10]。

另一项研究以经常接受抗阻训练的男性为样本，比较了多关节训练与单关节训练对肘屈肌恢复的时间进程的影响[9]。共有16名年龄在20~30岁的男性在互补平衡的状态下进行了8组单侧坐姿划船（采用10RM的负荷）和8组单侧肱二头肌杠铃斜板弯举（也采用10RM的负荷）。此外，研究人员分别于训练开始前、训练开始10分钟后，以及训练结束后24、48、72、96小时记录与最大等距峰值扭矩和延迟性肌肉酸痛（DOMS）相关的信息。

完成多关节训练和单关节训练之后，在10分钟内，肘关节屈肌峰值扭矩出现了大幅度的下降。然而与多关节训练相比，单关节训练后肘关节屈肌峰值扭矩下降的幅度更大。此外，单关节训练结束后的24小时，肘关节屈肌峰值扭矩低于基线水平，然而在多关节训练后的24小时内，相关的训练量又回到了基线水平。与基线水平相比，单关节训练结束后的24、48和72小时内，延迟性肌肉酸痛的情况有所加剧。然而，多关节训练后72小时延迟性肌肉酸痛情况恢复到基线水平。此外，与多关节训练相比，训练结束后的24小时、48小时和72小时，单关节训练所引起的延迟性肌肉酸痛会更加明显。数据表明，抗阻训练结束后，高负荷训练的男性在进行单关节训练和多关节训练时，肘屈肌群的力量会出现不同的恢复情况。同样，肘屈肌群的延迟性肌肉酸痛更为严重，需要更长的时间才能恢复。

从这项研究的结果可以看出，当我们面临与疲劳相关的问题时，不应该将单关节训练纳入计划其中。延迟性肌肉酸痛指肌肉中微小的撕裂，需要足够的恢复时间来修复。延迟性肌肉酸痛会引起一系列的问题，如肌纤维的微小损伤，从而力量强化的过程也会因此而受影响。一项研究表明，如果出现了延迟性肌肉酸痛，刚参加锻炼的人在同一时间内力量出现下降[1]。

肌肉长时间工作以后，基质就会逐渐消耗，蛋白质也会逐渐分解[3]。因此，为了规避类似的情况，我们也需要格外地关注恢复时间。抗阻训练期间，会出现上述生理过程，这些过程会减少肌肉功能与生长所需的基质以及蛋白质，否则我们可以用这些物质来改善肌肉表现。

小结

　　有意训练不足与只注重增加训练量和强度的抗阻训练方法形成了鲜明的对比。高强度、大运动量的训练方法最明显的问题在于，在训练过程中，肌肉很容易疲劳。在这种情况下，会引发长时间的疲劳和过度训练。与可能导致不良的恢复以及过度训练的抗阻训练方法相比，有意训练不足侧重抗阻训练的方法，这种方法能够调节训练负荷，能涵盖低至中等的负荷量，还可以预留足够的恢复时间。

　　当我们将时间线索，如持续定期的运动训练和训练计划、活动－休息模式，当作主要的训练计划变量时，有意训练不足就变成了一种可行的训练方法。对此，人们提出了一个假设，即当我们持续执行一个侧重于时间安排的抗阻训练计划时，肌肉时钟会收到关键的信息，它们可以用这些信息来预测训练，并提前激活那些与肌肉表现的改善相关联的分子作用，从而改善肌肉表现。这与依赖使肌肉出现超负荷状态的高强度、大运动量的训练方法相比形成了鲜明的对比。作为一种训练方法，有意训练不足与训练计划的策略相一致，这些策略包括：监控与肌肉时钟收到的时间线索相关联的训练负荷、改变抗阻训练的方法，留意身体对时间线索的不同反应，以及那些能够改善肌肉表现效果的替代性计划方法。

第 **7** 章 | 利用肌肉时钟进行力量训练

肌肉时钟需要一致性才能构建节律，并启动与肌肉力量相关的生理变化。对此，可以采用生物力学上相似的配对练习来为肌肉力量的提高制订计划。本章将会推荐一些配对运动和训练计划，这些计划采用了我们在第4章详细探讨的训练计划。为了改善肌肉的力量及其整体表现，我们提出了单次训练以及长期计划方面的建议。

配对练习抗阻训练模型

在配对练习抗阻训练模型的基础上，我们可以利用两种生物力学上相似的练习来设计训练。计划方法的独特之处在于，其中的训练使用了相似的肌肉、肌群以及关节活动。当我们采用类似的配对练习时，其效果可与超级组训练方法相媲美，同时，该训练方法已经由来已久。然而，这些练习的新颖之处在于，它们以一种独特的方式为肌肉时钟提供关键的时间线索，包括训练方式、运动频率、动作模式、运动量以及运动强度。

此外，值得注意的是，配对练习除了为肌肉时钟提供时间线索外，自身的效率也很高，因为它们能够以不同的方式使用相同的肌肉或肌群，并以此来募集不同的肌纤维。因此，那些从力学层面上看起来相似，且作用于相同或相似的肌肉或肌群的练习，作用于肌肉的方式是不同的，它们可以增加目标肌肉所做的功，并提高肌肉表现。

多关节练习的运用

我们往往运用多关节练习来计划生物力学方面相互配对的练习。多关节练习，包括抓举等全身爆发力训练和其他常见的复合训练（多关节），如深蹲和弓步，为生物力学方面相类似的配对训练方法奠定了基础。复合训练的效果不错，因为这种练习在运动期间能够调用最多的肌肉和肌群。因此，在一般的健身和训练环境中，十分受欢迎。众所周知，复合训练可以将大量的睾酮和人体生长激素释放到血液中，从而促进肌肉生长、提高力量以及爆发力。

一项研究比较了等量（每次的训练量和每周的训练量）单关节和多关节抗阻训练对有训练基础的男性的最大摄氧量、肌肉力量和身体成分的影响[7]。研究人员将36名受试者分成了两组。在第1组中，受试者只进行单关节练习，训练内容包括哑铃–仰卧飞鸟、坐姿伸膝、屈膝、坐式夹胸、肱二头肌弯举、哑铃–上斜飞鸟、仰卧起坐、侧平举、仰卧屈臂上拉、俯身飞鸟、绳索伸肘以及负重提踵。在第2组中，受试者只进行多关节练习，训练内容包括卧推、硬拉、深蹲、卧蹬、肩上推举、拉力器下拉和坐姿划船。一周之内，两组受试者每节课都会进行不同的练习。每组的总训练量（重复次数 × 组数 × 负荷）相同。每周训练3次，持续8周。两组均进行了最大摄氧量和身体成分测试。训练前后，受试者还进行卧推、坐姿伸膝和深蹲的1RM测试。

研究结果表明，多关节练习组和单关节练习组受试者的体脂均降低，去脂体重增加，两者之间无显著差异。两组受试者的心肺功能和最大肌肉力量均得到了显著的提高，然而，多关节练习组在最大摄氧量1RM卧推、1RM坐姿伸膝和1RM深蹲的改善均高于单关节练习组。研究结果表明，虽然当总训练量相等时，涉及多关节练习的抗阻训练计划似乎比单关节练习的抗阻训练计划更能有效地提高肌肉力量和最大摄氧量，但是从体脂或去脂体重的改善方面来讲，二者并没有差异。

该研究结果证实，虽然单关节练习在抗阻训练中不仅改善了身体成分，还起到了一定的辅助作用，但在改善肌肉力量这一方面，复合训练是更好的选择。当我们需要改善所有的表现要素，即肌肉耐力、力量与爆发力时，将会优先考虑复合训练。然而，复合训练确实存在着一些局限性。比如，这种训练会受到运动技能的协调性和运动员以往经验的影响，如果力学运用不正确，则可能出现肌肉的专注度下降的情况。

如第5章所述，我们或许需要一周、几个月甚至几年的时间来掌握复杂的运动技能，而在我们看来，复合训练并不简单。因此，通常只有训练经验丰富的人才会进行复合训练。此外，尤其在负荷非常大时，只有经验丰富的人才应该尝试全身爆发力训练。

特异性训练原则指出，只有被调用的肌肉才能对训练需求做出反应。由于特异性与复合训练相关联，全身性训练和多肌群运动的性质或许是该运动有效性的一个限制因素。例如，深蹲这样的复合训练对臀大肌和股四头肌来说效果很好，但对腘绳肌则不然。如果需要专门训练腘绳肌，那么最好进行一些有针对性的屈膝训练，如采用俯卧姿势，趴在训练器上（面朝下）做膝关节屈曲的动作。

单关节练习的附加性运用

不可否认的是，复合训练不仅能够改善肌肉的整体表现，还可以很好地将训练中的运动技能转移至运动表现以及日常生活其中。然而，复合训练或许同样存在不足，因为它并不针对特定的肌肉。因此，在生物力学上相互配对的训练中，我们通常会安排单关节练习作为补充，如此一来，既能弥补综合训练的不足，又能改善训练的效果。

单关节练习也被称为单一肌肉训练，因为这些练习能够有针对性地训练特定的肌肉或肌群。在单关节练习里，我们能够有效地运用特异性训练原则来改善目标肌群的表现。需要注意的是，单关节练习不是唯一解决方案，而是一个更大、更全面的计划方法中的一部分。

进行生物力学方面相似的配对训练时，需将单一肌肉训练与复合训练结合在一起。比如，坐姿伸膝配合前蹲，可以很好地锻炼股四头肌。

大多数的锻炼形式在最开始时都以复合训练为主，然而在单关节练习的基础上，我们也可以比较简单地构建一节训练课。例如，一种常见的需求是锻炼像肱三头肌这样较小的肌肉的力量。因此，最好先针对这些较小的肌肉进行练习。一个专注于肱三头肌的训练首先要做伸肘练习，随后加入一个生物力学方面相类似的复合训练，如通过窄握双杠臂屈伸过程中的肘部伸展来推动身体向上运动。

配对生物力学上相似的练习

将生物力学上相似的练习配对之后，可以帮助运动员和专业人士选择训练和设计长期的训练计划。首先，我们需要专注于特定的肌群或关节活动。

运动模式是训练肌肉时钟的一项关键的计划线索。肌肉时钟寻找生物力学相似性。生物力学相似性是指两种练习在运动方面的相似程度，由所使用的主要肌肉和相关的关节活动来决定。

生物力学相似性是一种我们在配对两项相似的练习时会用到的训练方法。在关节模式相似的情况下，那些使用相似肌肉或肌群的配对练习为肌肉时钟提供了宝贵的时间线索。运动的相似性是一种夹带线索，有利于肌肉时钟构建一个时间表，以及预测即将到来的训练。生物力学上相似的练习提供了一致的线索之后，肌肉时钟就能学会如何在每24小时的阶段内适时地激活与抗阻训练相关的分子作用。

使用相同或相似的肌肉

生物力学上相似的运动作用于相同或相似的肌肉。然而，配对运动训练模式旨在以两种不同的方式激活相同的肌肉。不同的运动模式在同一肌肉中会使用不同的肌纤维束。例如，深蹲和卧蹬均运动了腿部和臀部的肌肉。然而，每项练习激活的肌纤维束略有不同，所采用的激活方式也有所不同。最终，计划旨在让整个肌群得到更全面的运动。图7.1和图7.2介绍了俯身划船和仰卧屈臂上拉的生物力学上相配对的练习。

图7.1 俯身划船: a. 起始位置; b. 结束位置

图7.2 仰卧屈臂上拉: a. 起始位置; b. 结束位置

使用相同或相似的关节活动

将那些使用相似关节活动的练习配对之后，我们就能构建生物力学方面的相似性。例如，配对练习可以使用相似的关节活动，如肩部上提与下沉或髋关节的外展及内收，这样就能够为肌肉时钟提供重要的训练和计划线索。

特定运动的计时线索产生于使用的主要关节和执行的肌肉。抓举（参见图7.3）和前蹲（参见图7.4）用两种不同的训练方式说明了相似关节活动的概念。

图7.3 抓举：a.起始位置；b.结束位置

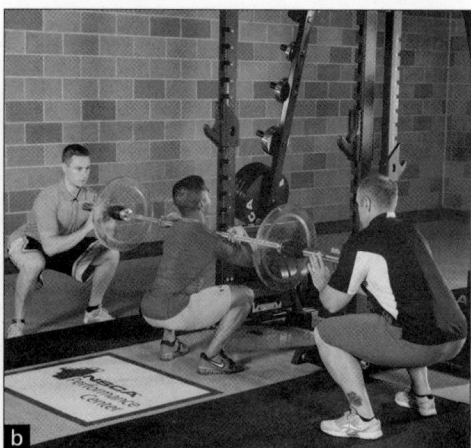

图7.4 前蹲：a.起始位置；b.蹲至最低点的位置

时间线索

运动特定的时间线索是基于主要的肌肉训练和执行的主要的关节活动以及肌肉动作。例如，前面所提到的，站姿肱三头肌下压和坐姿肱三头肌过顶推举相似，因为这两种训练都是以肱三头肌为主要肌肉，以肘关节屈曲和伸展为主要关节活动。有了规律的时间表，两种肱三头肌训练之间的相似性就能够为肌肉时钟提供与训练模式和训练类型相关的线索，以预测即将到来的训练。

生物力学上相似练习的运用

如果不同练习里的肌肉和关节活动能够相互匹配，那么这些练习在生物力学方面就具备相似性。然而，这些练习并不一定针对相同的肌肉。图 7.5 和图 7.6 介绍了如何将肩部推举和耸肩这两种练习相配对。这两种练习使用了相同的肌肉和关节，但所涉及的关节活动各不相同。这是一种有效的训练方法，让我们能够以所使用的主要关节为基础，制订一节结构良好的训练课。

图 7.5　肩部推举：a. 起始位置；b. 结束位置

图7.6 耸肩：a. 起始位置；b. 结束位置

睾酮水平和释放

睾酮水平会在一天中自然波动。肌肉时钟能够意识到这些波动，并在设置和重置24小时生物节律时考虑它们所带来的影响。睾酮水平在早上最高，然后在下午4~6点开始稳定，之后开始下降。早上睾酮水平较高的原因在于，人体在白天需要睾酮，而夜间睡眠不需要。睾酮水平的日常波动很好地阐明了人体内的同步性——肌肉力量与爆发力所需的激素水平会在一天的前期阶段，即内部时钟对活动进行预测的时候达到最高值，并在预测休息开始前逐渐降低。

尽管睾酮水平在一天中的自然变化与大多数人的活动、休息相一致，但睾酮水平也会受制于其他因素，如抗阻训练。抗阻训练会影响训练期间和之后的睾酮水平[10]。

比抗阻训练更具体的是，睾酮水平对各种运动的反应是不同的［如硬拉和"早安式"动作（屈髋俯身）］。举个例子，硬拉（参见图7.7）是一种全身性的练习，应激源能够释放更多的睾酮到血液其中。和"早安式"动作（屈髋俯身）（参见图7.8）相比，后者只是一个关节和较少的肌肉参与。睾酮释放量的差异与使用的肌肉量以及两种运动之间的整体强度差异相关联。硬拉使用的是身体中最大的肌肉（臀大肌）和最大的肌群（股四头肌），而"早安式"动作（屈髋俯身）只使用一个关节和较少的肌肉。显然，硬拉是一种更高强度的训练，是一种释放睾酮和人体生长激素更有效的训练。因此，可以认为，尽管这两种训练在生物力学方面具备相似性，但对肌肉时钟而言，硬拉是一种更好的线索。

图7.7　硬拉：a.起始位置；b.结束位置

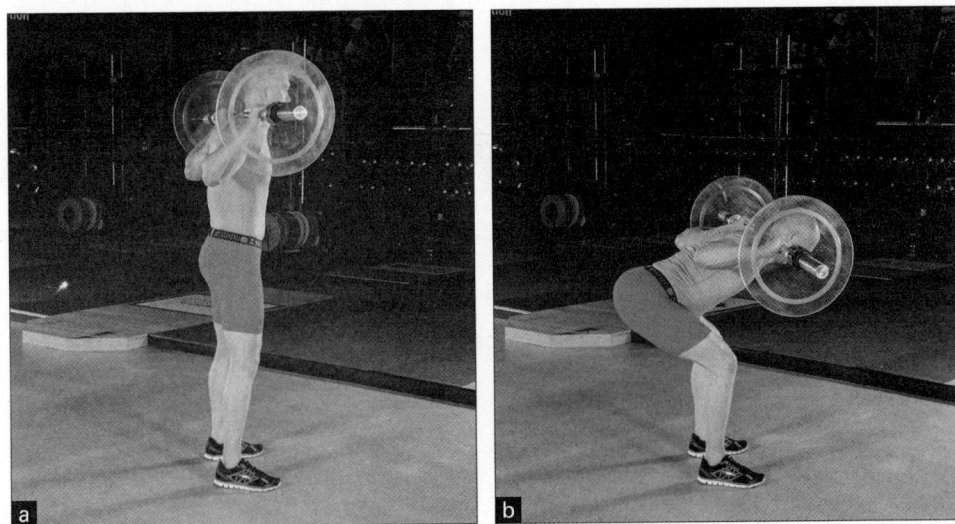

图7.8　"早安式"动作（屈髋俯身）：a.起始位置；b.结束位置

人体生长激素的释放

就像睾酮一样，人体生长激素在运动时会被释放到血液中。如深蹲和硬拉，使用多个关节和大肌群的复合训练能够释放最多的人体生长激素[3]。此外，离心运动比向心收缩能释放更多的人体生长激素[3]。

皮质醇的释放

因为运动是压力的来源之一，它会刺激皮质醇（一种压力激素）释放到血液当中。当我们面临情绪压力（如疼痛、愤怒和恐惧）或进行训练（如定期的抗阻训练）时，身体就会释放皮质醇。和身体里的大多数化学物质一样，皮质醇也有自己的自然节律。自然的皮质醇水平在上午8点左右达到最高值，在凌晨3~4点降至最低值。该观察结果表明，皮质醇的模式与睾酮相类似，即人在清醒和警觉时需要皮质醇，而在休息和睡眠时则不需要。与体内其他生化指标（如睾酮和人体生长激素）类似，皮质醇水平在一天中都会波动，并随着环境的变化而升高或降低。

由于皮质醇是一种能够在定期的抗阻训练中自行释放的化学物质，它是肌肉时钟的时间线索，可以帮助肌肉时钟预测即将到来的训练。皮质醇的释放量在两种复合训练（如深蹲和硬拉）中较为相似，但在单关节练习（如肱二头肌弯举或肱三头肌伸展）中释放量较小。

抗阻训练计划

最后，也是对运动和健身领域的从业者来说，肌肉时钟从结构良好的定期训练和计划中获得的时间线索才是最重要的。需要记住的是，肌肉时钟运用运动训练和计划线索来协助自身的工作，如此一来，它们不仅能够调节肌肉表现，还能让肌肉与其他身体系统保持同步。此外，时间线索具备重新设置肌肉时钟的作用，该作用能够协调与肌肉表现、睡眠和恢复相关的代谢功能。为了让肌肉能够产生与表现相关的积极变化，我们应该采用生物力学上相似的配对练习。

使用模式（运动类型）来设计训练

在第3章中，运动模式被定义为所执行的运动类型，其范围广泛，包括心血管训练

（如骑行）和抗阻训练。如第2章所述，如果在抗阻训练前不到3小时内进行心血管训练，就会出现干扰。

虽然在不同的运动模式之间留出足够的时间是至关重要的，但需要说明的是，此处我们仅以抗阻训练和生物力学相似性为背景，就相应的模式展开探讨。例如，在抗阻训练的模式下，我们不仅能辨别训练的类型（单关节或双关节），还能了解在训练期间使用了哪些关节与肌肉进行活动。将涉及相似肌肉与关节活动的训练配对后，就能为肌肉时钟和即将到来的训练提供一致的线索。

全身爆发力训练

全身爆发力训练会同时使用许多大的肌群，也正是这个原因才被视为一项全身性的训练。全身爆发力训练属于高阶练习，因此，只建议经验丰富的人进行。

上、下肢训练

在进行下肢训练的时候，只能使用下肢的肌肉与关节；同样地，在进行上肢训练的时候，只能使用上肢的肌肉与关节。在生物力学上相互配对的练习中，除了全身爆发力训练外，还可以用上肢或下肢的肌肉和关节来匹配生物力学上两种不同的训练。

双侧与单侧训练

当设计一个生物力学上相互配对的训练时，可以在单次训练内安排单侧、双侧或两种类型的训练。进行单侧训练（如侧弓步）的时候，可以配合进行坐姿伸膝的双侧训练。虽然一种是单侧训练，另一种是双侧训练，但两种训练不仅都使用了膝关节的伸展和屈曲，还使用了股四头肌。

单侧训练能够让身体两侧都得到均衡的发展，同时，它还有一个独特的优势，那就是让外部核心肌肉的受训程度比两侧肌肉更高。一项研究比较了三种不同的划船训练（自由负重俯身划船、坐姿绳索划船以及器械划船）在激活核心肌肉方面的差异[9]。在主观努力水平相等的前提下，受试者分别进行了单侧和双侧的训练。共有15名有抗阻训练经验的男性参与了研究，年龄跨度为26~81岁。所有的训练都是随机进行的。对竖脊肌和多裂肌，肌电图显示，在坐姿绳索划船训练中，单侧训练的肌肉输出为60%~63%，而双侧训练的肌肉输出为74%~78%。双侧训练时，腹外斜肌活动占单侧训练的37%～41%，说明单侧训练比双侧训练更能锻炼外部核心肌肉。进行单侧坐姿绳索划船和器械划船训练的时候，腹外斜肌和多裂肌的肌电图活动分别为单侧自由负重俯身划船训练的50%～57%和70%～73%。与双侧器械划船和单侧自由负重俯身划船训练相比，双侧自由负重俯身划船训练能够在更大程度上触发竖脊肌的肌电图活动。对腹直肌的肌肉募集而言，单侧训练与双侧训练没有显著差异。综上所述，相较于器械划船，自由负重俯身划船不仅能够以单、双侧的形式在竖脊肌中引起更大的肌肉活动，还能在多裂肌中引起更大的单侧性肌肉活动。无论进行何种训练，与双侧训练相比，单侧训练对腹外斜肌有更大的激活作用。一般情况下，与单侧训练相比，双侧训练能够在竖脊肌和多裂肌中产生更多的肌肉活动。

在单侧训练中，每侧肢体所产生的力量之和通常大于它们在双侧训练中共同产生的力量之和。因此可以推测，与双侧训练相比，进行单侧力量训练的时候，训练负荷的效果或许会更好，随后也将产生更大的神经肌肉适应。因此，相关人员进行了一项研究，比较单侧和双侧训练给膝关节伸展肌群带来的神经肌肉适应[2]。共有43名经常进行业余运动的年轻女性被分配到对照组、单侧或双侧训练组。除对照组外，每组每周进行2次抗阻训练，为期12周。训练前后均测量了1RM伸膝效果、最大等长肌力、肌电活动以及肌肉厚度。此外，她们还在单侧（右+左）与双侧测试中测量了肌肉力量。

结果表明，单侧和双侧训练组的单侧1RM伸膝效果、双侧1RM伸膝效果和最大等长肌力均有所提高。单侧训练组的单侧最大等长肌力的增益幅度大于双侧训练组，与此同时，只有单侧训练组的肌电活动出现了增加的迹象。两个训练组的肌肉厚度均得到了相似的增加。测试之前，两组均未呈现1RM伸膝效果的双侧缺陷，但在测试之后，单侧训练组呈现出显著的双侧缺陷，而双侧训练组则显示出显著的双侧促进作用。因此，单侧或双侧的训练并不能在根本上改善肌肉表现和双侧的肌肉力量；然而，单侧训练能够促进单侧特定力量的增加。

主动肌-拮抗肌训练

在抗阻训练期间，如果我们将身体看作一个绳索或滑轮系统，就可以更全面地了解它的状态。滑轮与两根方向相反的绳或类似的物体（如一根与之相对但以互补的方式工作的绳子）一起工作。在一个典型的绳索系统其中，当一侧收紧时，另一侧就会放松。

为了将绳索系统的概念形象化，我们可以将其类比成大家所熟知的主动肌-拮抗肌或功能相反的肌肉（如肱三头肌和肱二头肌）。对拉伸和力量训练，主动肌–拮抗肌的原理是相同的。在力量训练中，当肱二头肌收缩时，肱三头肌就会放松，反之亦然。这种互补的动作能够让目标肌肉的收缩幅度更大。

我们往往会在训练期间将主动肌–拮抗肌训练配对，并以此设计不同形式的训练方法。生物力学上相互配对的主动肌–拮抗肌训练有很多形式，包括器械坐姿膝关节伸展以及器械仰卧膝关节屈曲。这两种训练在训练期间均涉及了膝关节的伸展与屈曲，但膝关节伸展的目标肌群是股四头肌，而膝关节屈曲的目标肌群是腘绳肌——功能方面是股四头肌相对的拮抗肌。

训练强度

强度指运动员在训练期间的努力程度。在抗阻训练中，我们用1RM的百分比来表示强度。人们普遍认为，运动强度越高，最终的训练效果就越好。然而，除了强度之外，我们还需考虑其他和运动训练以及计划相关的因素。

在一项研究中，研究人员让受试者分别进行80%的1RM和30%的1RM的力竭型抗阻训练，并于2周和4周后观察肌肉的适应情况[4]。有了这项研究，我们就能在不同的抗阻训练强度（80%和30%的1RM）下确定增肌以及力量方面的适应情况。共有15名未经训练的年轻男子被随机分配到高负荷或低负荷的抗阻训练其中。每组受试者需在连续4周的时间内完成相应的训练——每周进行3次力竭型前臂屈曲抗阻训练。研究人员分别在基线水平、2周和4周的训练中测定了前臂屈肌厚度、最大自主等长收缩和1RM值。我们通常用肌肉厚度（肌肉横截面积）来表明增肌的情况。此外，在80%和30%的1RM的训练组中，基线水平的肌肉厚度在第2周和第4周均出现了增加的迹象。在第2周到第4周的时间里，最大自主等长收缩出现了增加的迹象，与此同时，在80%的1RM组别中，基线水平的1RM值从第2周到第4周一直增加。

显然，力竭型抗阻训练并不是一种常见的训练方法。此外，在80%和30%的1RM的情况下，肌肉的肥大和生长效果较为相似，然而，只有在80%的1RM训练中，肌肉力量才出现了增加的迹象。值得注意的是，这项研究招募了未经训练的年轻男性，并且研究人员认为，似乎可以通过任何可测量的阻力来观测神经肌肉以及增肌方面的改善。此处，最重要的一点是，与30%的1RM训练相比，80%的1RM高强度训练强化了力量。

训练量

训练量指训练期间所完成的运动量。在抗阻训练中，训练量指在单个训练周期内所完成的重复次数以及组数的总和。此外，训练量也可以与训练频率相结合，以反映一周内所完成的总训练量。

研究人员进行了一项关于抗阻训练量相关的研究。在这项研究中，受试者分别进行了1、3和5组抗阻训练，与此同时，研究人员比较了肌肉表现和增肌方面所受的影响[8]。这项研究共招募了48名没有训练经验的受试者，他们分别被安排到1组、3组、5组的运动组或对照组其中。所有组都要进行卧推、坐姿高位下拉、肩部推举、卧蹬训练，每周3次，共6个月。

6个月后，所有运动组的5RM（可重复举起5次的最大重量）在卧推、坐姿高位下拉、肩部推举和卧蹬中均有所增加。然而，与1组和3组的组别相比，5组组别在卧推和坐姿高位下拉中的5RM的增加更大。由此我们可以看出，在进行卧推和坐姿高位下拉时，5组以上的训练量对肌肉力量有积极的影响。

在3组和5组组别中，卧推的20RM负荷（肌肉耐力的一个指标）显著增加。与1组组别相比，3组和5组组别的肌肉耐力增加幅度更大，其中，5组组别的增加最为显著。该结论表明，卧推期间，训练量对肌肉耐力有积极的影响。在所有训练组别中，坐姿高位下拉的20RM负荷均有所增加，其中，5组组别的增加幅度明显大于1组组别。上述发现再一次地表明了训练量的增加对肌肉耐力的意义。

训练量对增肌也有积极的影响。在3组和5组组别中，肘屈肌的厚度明显增加，其中，5组组别的肘屈肌厚度的增加明显大于其他两个训练组。三个组的体脂百分比均有所降低，去脂体重有所增加，垂直跳跃能力（测量肌肉力量的方法）也得到了提高，由此可见，组别之间没有差异。研究结果证实，对比在力量增加、肌肉耐力提高和上臂增肌方面的效果，每项训练进行多组数要优于每项训练进行单一组数。

在另一项关于训练量对肌肉表现影响的研究中[1]，我们检验了德国壮汉式训练法（GVT）或10次×10组训练法的效果。几十年来，有经验的举重运动员一直采用德国壮汉式训练法来增加肌肉质量。因此，本研究旨在探讨传统德国壮汉式训练法（10次×10组）和经过改良的德国壮汉式训练法（5次×5组）对增肌和肌肉力量的影响。在这项研究中，19名健康男性被随机分配到持续6周的10组或5组（每组10次）的特定多关节抗阻训练的练习其中。研究人员将相应的练习分成常规的训练和每周进行3次的训练，并在训练前后分别测量了总瘦体重、局部的瘦体重、肌肉厚度和肌肉力量。

结果表明，两组（10组和5组）的瘦体重均得到了显著的增加。然而，在5组组别中，躯干和手臂的瘦体重增加的幅度更大。两组的腿部瘦体重或肌肉厚度均没有表现出显著的增加。两组的肌肉力量均呈现出明显的增加，其中，5组组别在进行卧推和背部下拉时，肌肉力量增加的幅度更大。研究结果表明，传统的德国壮汉式训练法（10组）计划在增肌和力量方面并不比练习5组的时候更有效。为了最大限度地增肌，建议每项训练进行4~6组，因为肌肉表现似乎会超过这个组数范围，与此同时，过多的组数甚至可能会导致过度训练。

运动－休息期

运动－休息期是一个重要的时间线索，它能够协助肌肉时钟在每24小时的阶段内确定相应的预测内容。有了运动训练以及相应的计划，肌肉就可以在这段时间内预测相应的内容。

我们往往在更大的范围（如24小时内的几个小时）内考虑运动－休息期及其与肌肉时钟的关系。然而，较小范围内的运动－休息期，如抗阻训练组之间和在抗阻训练范围内，也与时间和肌肉表现有关。一项研究旨在确定与传统的休息时间相比，单一组别内的休息时间（称为组内休息时间）是否会在肌肉力量和爆发力方面带来更大的增长[5]。这项研究调查了22名年龄在25~65岁的男性，他们需在传统的组间休息或组内休息的情况下进行12周的抗阻训练。两组的练习顺序和强度相同。无论是组内休息还是组间休息，只有休息的时长和休息阶段起始的时间发生了改变。研究开始之前，和完成4周、8周和12周的抗阻训练之后，研究人员分别测量了力量（1RM的卧推和深蹲），以及卧推和深蹲时的爆发力输出（60%1RM）。结果表明，经过60秒组内休息之后，卧推时的力量增加和爆发力输出在统计学上显著提高；另外，与传统的120秒组间休息相比，深蹲时的力量增加和爆发力输出在统计学上存在显著差异。这些发现非常重要，因为我们可以从中看出，相较于时间更长的组间休息，时间较短的组内休息更能改善肌肉表现，特别是力量和爆发力的提高。

不同的激活模式

　　正如前面几章所讨论的，肌肉混乱指微观层面上的干扰理论。这从分子水平上解释了为什么同时进行心血管训练和抗阻训练的时候抗阻训练的效果会受到干扰。当我们在30分钟内相继完成两种相互竞争的运动方式，如抗阻训练和心血管耐力训练时，肌肉会在分子层面产生混乱的情况，力量的增长也会因此受到负面影响。

　　虽然我们都清楚，不同的训练方式，如心血管训练和抗阻训练，在细胞层面呈相互竞争的态势，但我们仍然需要采用不同的方式来训练肌肉。在抗阻训练中，我们需要采用不同的运动生物力学机制而不是不同的运动模式来改变训练量。虽然生物力学上类似的练习能够运动相同或相似的肌肉，但它们却采用不同的方式激活肌肉。不同的运动模式能够使用同一块肌肉内不同的肌纤维。例如，我们可以用深蹲和卧蹬的训练来锻炼腿部和臀部的肌肉。然而，每一项训练都会激活同一块肌肉中不同的肌纤维。最终，整个肌群将得到更加全面的锻炼。

　　人体在运动期间，会优先调动收缩速度较慢的肌纤维。一般情况下，运动越快，完成运动所需的力量越大，所调用的快肌纤维越多。在许多运动中，如走路，基本上不需要调动快肌纤维。然而，进行快速伸缩式的俯卧撑和高负荷卧推的时候，人体会募集大量的快肌纤维。训练的形式、强度（重量、收缩的速度，或两者兼有）和活动度决定了肌纤维的募集和释放的顺序。

　　例如，尽管传统的无负重弓步蹲的动作原理与负重分腿深蹲的动作原理相同，都不会募集太多的快肌纤维。当外部重量以及运动强度增加时，则需要调动更多的快肌纤维。它们也将在随后的动作顺序中得以释放，以在整个范围内保持有力的收缩（如卧推的时候，避免被杠铃卡住）。

抗阻训练的配对案例

我们仅简单地将生物力学方面相似的练习配对是不够的。每次进行训练的时候，我们需要仔细考虑相应的强度与训练量。一项研究招募了9名没有训练经验的年轻男子，比较了高负荷组别（80%1RM）、低负荷组别（30%1RM），以及单一高负荷组之间的差异。其中，在单一高负荷组别里，受试者需在没有恢复的情况下采用递减的方式将负荷降至较低水平。除此之外，该研究还对比了这三种不同的组别对肌肉的耐力、增肌与力量的影响[6]。研究人员将受试者分为3组，并采用随机的方式分别为每组受试者规定了相应的训练方式：3组高负荷（HL，80%1RM）抗阻训练，3组低负荷（LL，30%1RM）抗阻训练和单一高负荷组。每周训练2~3天，持续8周。

值得注意的是，在涵盖恢复期的情况下，平均而言，单一高负荷递减训练组的训练时间最少。结果表明，肘屈肌横截面积（增肌的指标）在3个训练组中均呈现出相似的增加。研究表明，只有在高负荷（80%1RM）和单一高负荷递减组别条件下，肘屈肌的最大等长和1RM的力量均有所增加，由此可以看出，训练强度对肌肉力量的影响至关重要。只有在低负荷（30%1RM）和单一高负荷递减组别条件下，30%1RM所测量的肌肉耐力才会有所增加，由此可以看出，较低的负荷能够改善肌肉耐力。总的来说，研究结果表明，与3组训练模式相比，带有递减形式的单一高负荷抗阻训练模式可以在同一时间强化未经训练的年轻男性的肌肉质量（增肌水平）、力量和耐力。这些结果十分重要——从中我们可以看出，即使训练时间较短、训练量较小，混合强度的训练方案还是能够呈现出与只采用高负荷或低负荷的典型抗阻训练方案一样的效果。

表7.1~表7.7介绍了各种不同的抗阻训练的配对案例。

表7.1 全身爆发力训练的配对案例

练习动作	重复次数	强度	组间休息
高翻	4~6	65%~85%1RM	30秒~4分钟
硬拉+耸肩	4~6	65%~85%1RM	30秒~4分钟
高翻	4~6	65%~85%1RM	30秒~4分钟
硬拉+耸肩	4~6	65%~85%1RM	30秒~4分钟
高翻	4~6	65%~85%1RM	30秒~4分钟
硬拉+耸肩	4~6	65%~85%1RM	30秒~4分钟

表7.2 双侧下肢训练的配对案例

练习动作	重复次数	强度	组间休息
深蹲	4~6	65%~85%1RM	30秒~4分钟
卧蹬	4~6	65%~85%1RM	30秒~4分钟
深蹲	4~6	65%~85%1RM	30秒~4分钟
卧蹬	4~6	65%~85%1RM	30秒~4分钟
深蹲	4~6	65%~85%1RM	30秒~4分钟
卧蹬	4~6	65%~85%1RM	30秒~4分钟

表7.3 单侧下肢训练的配对案例

练习动作	重复次数	强度	组间休息
侧弓步	4~6	65%~85%1RM	30秒~4分钟
前弓步	4~6	65%~85%1RM	30秒~4分钟
侧弓步	4~6	65%~85%1RM	30秒~4分钟
前弓步	4~6	65%~85%1RM	30秒~4分钟
侧弓步	4~6	65%~85%1RM	30秒~4分钟
前弓步	4~6	65%~85%1RM	30秒~4分钟

表7.4 上肢训练的配对案例

练习动作	重复次数	强度	组间休息
肩部推举	4~6	65%~85%1RM	30秒~4分钟
双杠臂屈伸	4~6	65%~85%1RM	30秒~4分钟
肩部推举	4~6	65%~85%1RM	30秒~4分钟
双杠臂屈伸	4~6	65%~85%1RM	30秒~4分钟
肩部推举	4~6	65%~85%1RM	30秒~4分钟
双杠臂屈伸	4~6	65%~85%1RM	30秒~4分钟

表7.5 上、下肢训练的配对案例

练习动作	重复次数	强度	组间休息
深蹲	4~6	65%~85%1RM	30秒~4分钟
绳索侧平举	4~6	65%~85%1RM	30秒~4分钟
深蹲	4~6	65%~85%1RM	30秒~4分钟
绳索侧平举	4~6	65%~85%1RM	30秒~4分钟
深蹲	4~6	65%~85%1RM	30秒~4分钟
绳索侧平举	4~6	65%~85%1RM	30秒~4分钟

表7.6 主动肌-拮抗肌训练的配对案例

练习动作	重复次数	强度	组间休息
髋关节外展	4~6	65%~85%1RM	30秒~4分钟
髋关节内收	4~6	65%~85%1RM	30秒~4分钟
髋关节外展	4~6	65%~85%1RM	30秒~4分钟
髋关节内收	4~6	65%~85%1RM	30秒~4分钟
髋关节外展	4~6	65%~85%1RM	30秒~4分钟
髋关节内收	4~6	65%~85%1RM	30秒~4分钟

表7.7 多关节、单关节训练的配对案例

练习动作	重复次数	强度	组间休息
硬拉+耸肩	4~6	65%~85%1RM	30秒~4分钟
耸肩	4~6	65%~85%1RM	30秒~4分钟
硬拉+耸肩	4~6	65%~85%1RM	30秒~4分钟
耸肩	4~6	65%~85%1RM	30秒~4分钟
硬拉+耸肩	4~6	65%~85%1RM	30秒~4分钟
耸肩	4~6	65%~85%1RM	30秒~4分钟

训练计划

表7.8介绍了一个以增强肌肉力量为主要目标的训练计划。

表7.9介绍了一个以增加肌肉质量为主要目标的训练计划。

表7.8 训练计划：主要目标是增强肌肉力量

练习动作	重复次数	强度	组间休息
改良版罗马尼亚硬拉	4~6	≥80%1RM	1分钟
深蹲	4~6	≥80%1RM	1分钟
改良版罗马尼亚硬拉	4~6	≥80%1RM	1分钟
深蹲	4~6	≥80%1RM	1分钟
改良版罗马尼亚硬拉	4~6	≥80%1RM	1分钟
深蹲	4~6	≥80%1RM	1分钟

表7.9 训练计划：主要目标是增加肌肉质量

练习动作	重复次数	强度	组间休息
传统硬拉	4~6	≥80%1RM	2分钟
俯卧屈膝	4~6	≥80%1RM	2分钟
传统硬拉	4~6	≥80%1RM	2分钟
俯卧屈膝	4~6	≥80%1RM	2分钟
传统硬拉	4~6	≥80%1RM	2分钟
俯卧屈膝	4~6	≥80%1RM	2分钟
传统硬拉	4~6	≥80%1RM	2分钟
俯卧屈膝	4~6	≥80%1RM	2分钟
传统硬拉	4~6	≥80%1RM	2分钟
俯卧屈膝	4~6	≥80%1RM	2分钟

小结

　　肌肉时钟需要一个有规律的训练计划来构建节律以及启动与肌肉力量相关的生理变化。对此，我们可以采用生物力学方面相类似的配对练习来提供与运动模式相联系的关键线索。然而，其他的时间线索，如训练强度和训练量，也同样重要。

第**8**章 | 利用肌肉时钟进行爆发力训练

配对训练是一种能够有效锻炼肌肉力量的方法。本章详细介绍了如何运用生物力学方面相类似的练习来为肌肉爆发力训练制订计划。其中，阐述了如何以第4章所详述的指南与配对练习为基础，运用复合训练来构建单次的训练和计划，从而提高爆发力。本章还探讨了复合训练概念背后的科学，如神经启动和激活后增强效应。配对训练能够将这些概念与肌肉时钟所寻求的线索联系起来。另外，本章还阐述了与训练计划相关的细节，如为快速伸缩复合训练做好准备，为训练强度和训练量提供指导方针。章节的末尾不仅提供了训练案例，还对相应的计划进行了总结，以便即时地将这些成果应用于训练当中。

复合训练

虽然本章的重点是探讨提高肌肉的爆发力，但重要的是要认识到，肌肉爆发力属于肌肉力量功能的一部分，因此，这两种肌肉效果是相互依存的，通常在训练过程中相互结合。爆发力和力量相结合的训练被称为复合训练，旨在提高肌肉的力量以及爆发力。

由于复合训练的主要目标之一是提高爆发力，因此，该类型的训练特别适用于那些在运动表现方面对快速产生肌肉力量或做爆发式动作的能力有较高要求的运动。通过爆发式训练（快速伸缩复合训练），可以同时训练肌肉的力量和爆发力，此外，如果在同一节训练课里进行该训练，还可以训练肌肉耐力。复合训练与其他训练模式的区别在于以下两点。

1. 使用生物力学方面相互配对的练习。

2. 将抗阻训练（高负荷、高强度的训练）与爆发式的快速伸缩复合训练相结合。

抗阻训练既可以是多关节的复合训练，也可以是单关节的单一肌肉训练。

复合配对训练俨然成了一种独特的训练方法。复合配对训练有很多种，如将高负荷、高强度的深蹲训练与深蹲跳这样低强度的快速伸缩复合训练搭配起来[1]。

复合训练是一种高级的力量与爆发力训练，适合有多年训练经验的人或运动员练习，并要求练习者具备：

- 良好的体能基础；
- 肌肉力量基础；
- 丰富的抗阻训练经验；
- 常见的复合训练的训练计划（神经模型）。

如前所述，复合训练是运动训练领域中最常用的一种训练方式。在美式橄榄球训练室中，我们经常可以看到他们使用这种训练方式。在这些训练室中，球员根据其特定位置所需的技能，设定不同的目标，如力量或爆发力，或两者的结合。训练的时候，通常采取配对的形式，以达到特定的训练目标以及肌肉表现的效果。例如，与橄榄球的外接手相比，边锋不仅要掌握不同的技能，还需采取不同的训练模式。

训练计划模版

复合训练是一种高级的训练模式，因此，有经验的运动员往往将其纳入综合训练计划其中。对此，我们提出了一个合理的假设，即在个人训练期间，可以采用复合配对训练，并将其纳入全面的、长周期的训练计划其中。因此，训练计划模板（参见表8.1）只是一个单独的配对训练的示例，应针对不同的运动员、训练以及训练计划进行修正。

激活后增强效应

激活后增强效应（PAP）是支持复合训练有效性的生理机制。这种方法基于这样的一种理论：在进行另一种类似的训练之前，所完成的训练将会让肌纤维对第二次的训练做出更为灵敏的反应。其中的科学基础与神经启动的概念相类似——如果反复使用同一个神经通路,这个通路就会得到强化,变得越来越强,与此同时,在需要进行某一项运动的时候,可以更轻易地对其进行调用。

表8.1 复合配对训练的计划模板

练习形式	重复次数	强度	组间休息
抗阻训练	4~6	65%~85%1RM	30秒~4分钟
快速伸缩复合训练	5~8	待定*	30秒~4分钟
抗阻训练	4~6	65%~85%1RM	30秒~4分钟
快速伸缩复合训练	5~8	待定*	30秒~4分钟
抗阻训练	4~6	65%~85%1RM	30秒~4分钟
快速伸缩复合训练	5~8	待定*	30秒~4分钟

*在这种情况下,教练需确定能否在快速伸缩复合训练中采用外部负重。通常情况下,不会在快速伸缩复合训练中采用外部负重;但是,对运动达人们,包括运动员,可能会使用外部负重。

神经启动和激活后增强效应的区别在于,前者是一种神经系统事件,而后者则在肌纤维中起着一定作用。激活后增强效应利用第一次训练的肌纤维为第二次的训练做好准备。对此,我们提出了这样一个假设:体能训练将最大限度地提高肌纤维的收缩性能,使它们为快速伸缩复合训练做好准备,进而使爆发式运动在更大程度上提高肌肉力量的效果。

虽然激活后增强效应和神经启动之间存在着实质性的差异,但激活后增强效应依靠神经启动来高效地工作。神经启动理论表明,反复做一个动作可以训练与期望动作相关联的神经通路。通过这种方式,启动机制会让神经为更快的动作做准备,使其在更短的时间内快速地募集所需的肌纤维,进而提高神经和动作本身的效率。这就是为什么复合训练的有效执行需要坚实的力量和体能基础。如果试图教授某人一种新的运动技能,如在全身爆发力训练中,而该技能正应用于一种复合训练模式中,那么这将是一个不明智且效率不高的举措。因为在这种情况下,无论是神经通路还是肌纤维都没有做好神经启动以及激活后增强效应相关益处的准备,然而只有在这种益处得到保证的前提下,复合训练才会有良好的效果。

针对现有的体能水平制订训练计划

对那些体能和力量均已达到基线水平的专业运动员和优秀的健身爱好者来说,复合训练是一种再合适不过的训练方式[1],原因有以下两点。

1. 只有在保证基本的心血管耐力、肌肉耐力、力量以及爆发力的前提下,才能连续地进行高强度体能训练和快速伸缩复合训练。

2. 对经验丰富的运动员,他们的大脑和肌肉对激活后增强效应的启动效应,以及体能训练对快速伸缩复合训练的影响更为敏感。

为基线力量水平制订训练计划

在开始一个包含抗阻训练和快速伸缩复合训练的复合训练计划之前,必须确保运动员的肌肉力量已达到以下基线水平[5]。

1. 对下肢的力量,运动员或锻炼者在做深蹲时应能蹲起1.5倍自身的体重。

2. 对上肢的力量,体重>100千克的运动员需在卧推时能推起自身的体重,体重<100千克的运动员则需至少推起1.5倍的自身体重或连续做5个击掌俯卧撑。

抗阻训练的强度(重量)

抗阻训练也是一种激活训练,因此,运动员必须仔细地做出选择,以匹配接下来的快速伸缩复合训练的生物力学。除了被使用的肌肉和抗阻训练其中的关节活动外,肌肉在进行第二次训练(快速伸缩复合训练)时的准备程度也同样取决于所使用的重量。在高强度抗阻训练中,应根据个人情况和当前的基线力量水平来选择合适的重量。美国国家体能协会的指导方针和当前与激活后增强效应益处所需重量的相关数据表明,适用于抗阻训练的重量应为65%~85%的1RM[5]。对肌肉力量与爆发力的效果而言,应将强度设定在此范围内接近较高的阈值(接近85%的1RM)。

为快速伸缩复合训练做好准备

就像全身爆发力训练和复合训练一样,快速伸缩复合训练也是一种高级的训练形式。因此快速伸缩复合训练最适合已经达到神经肌肉准备的专业运动员和健身爱好者[1]。有经验的运动员的神经肌肉系统得到了良好的训练,同时,他们的肌肉也得到了锻炼,能更加容易地适应抗阻训练(高负荷、高强度的训练)对快速伸缩复合训练的启动效应做出的反应。大多数情况下，没有训练经验的锻炼者不会为复合训练和快速伸缩复合训练制订训练计划（神经模型），因此，他们也不会从抗阻训练对快速伸缩复合训练的启动效应中受益。

一般的指导方针建议，任何运动员在开始进行快速伸缩复合训练之前，都要先确定自身肌肉的力量和速度已经达到以下基线水平[5]。

1. 对下肢的速度，运动员应在5秒或更短的时间内以体重的60%或更多的重量完成5次深蹲。

2. 对上肢的速度，运动员应在5秒或更短的时间内以体重的60%或更多的重量完成5次卧推。

重要的是要记住，这些指导方针仅针对开始训练时提出相关建议，并不是所有的专业运动员或健身爱好者都完全符合每项建议。专业人员需根据每位运动员的独特能力和特点来设定重量。

未受训练的运动员和健身爱好者

根据缺乏训练经验的运动员的说法，那些一段时间内没有训练的运动员和健身爱好者也不会从激活后增强效应中受益。值得注意的是，尽管已有研究表明，复合训练对运动员和有训练经验的健身爱好者来说有不错的效果，但对那些处于停训状态的运动员以及未受训练的新手而言，这种训练并没有比传统训练方法更具优势[3]。就像肌肉在最后一次训练后96小时内开始丢失耐力、围度、力量和爆发力一样[1]，神经肌肉的适应和训练计划也会随着时间的流逝而消失。因此，在重新训练或恢复体能训练时，即使是有相关经验的运动员，在考虑高强度的复合配对训练的效用时，也要谨慎。

复合训练的配对

一旦专家们（教练们）认为复合训练适用于运动员或健身爱好者，下一步就要选定相应的练习。设计一个有效的复合配对训练的时候，首先需要决定哪两项训练的配对度最佳，这完全取决于个人的目标、体能水平、局限性以及偏好。

为了能够有效地配对抗阻训练和快速伸缩复合训练，首先需要确定与复合配对训练相关的训练目标，以及使用这种方法来实现目标的基本原理。通常来讲，配对复合训练的预期效果包括：

- 力量训练；

- 爆发力训练；

- 专项动作训练；

- 高级功能性训练。

一旦确定了目标和基本原理，第二步就要选择特定的练习，以达到预期的训练效果。请注意，所选择的练习应该采用类似的运动模式，但又要有足够的差异，以改变肌肉激活的模式。例如，当我们将标准分腿深蹲和分腿深蹲跳结合起来时，可以在同一时间达到运动专项训练的目标。这些运动在生物力学方面具备相似性，而分腿深蹲跳动作在标准分腿深蹲的动作募集了额外的肌纤维。

另外，单关节与多关节抗阻训练在应用方面也存在差异。例如，单关节运动可能是改善身体成分的有效方法，但如果我们的主要目标是提高综合力量，那么多关节运动将会是更好的选择[4]。

使用相同或相似的肌肉

生物力学方面相似的训练用于强化相同或相似的肌肉。然而，配对训练模式旨在以两种不同的方式激活相同的肌肉或肌群，以获得力量（高负荷、高强度训练）和爆发力（快速伸缩复合训练）。不同的运动模式会使用同一块肌肉内不同的肌纤维，而不同的强度和速度则同时训练力量与爆发力。例如，深蹲（参见图8.1）和深蹲跳（参见图8.2）都可以锻炼腿部和臀部的肌肉。然而，为了达到跳跃的效果，深蹲跳训练比普通的深蹲更能激活同一块肌肉中的肌纤维。最终，训练的结果会让整个肌群得到更全面的锻炼，同时，我们也可以按照预期的复合训练效果来进行力量和爆发力的训练。

使用相同或相似的关节活动

在将抗阻训练和快速伸缩复合训练相结合时，使用相似的关节活动可以构建生物力学方面的相似性。例如，配对训练能够使用相似的关节活动，如在哑铃－仰卧飞鸟的动作中，肩部会在水平方向上外展和内收（参见图8.3），此外，在快速伸缩复合式俯卧撑的动作中，肩部也会外展和内收（参见图8.4）。如果增加一个使用相同的关节活动的快速伸缩复合训练，那么肌纤维的补充以及速度方面将得到进一步的强化。

图8.1　深蹲：a. 起始位置；b. 结束位置

图8.2　深蹲跳：a. 反向运动（预蹲）之后的位置；b. 跳起至最高点的位置

图8.3 哑铃-仰卧飞鸟：a. 起始位置；b. 哑铃最低点的位置

图8.4 快速伸缩复合式俯卧撑：a. 反向运动（屈肘）之后的位置；b. 推起身体至最高点的位置

时间线索

　　肌肉能够从训练中学习特定运动的时间线索。当我们在一天中的特定时间进行训练时，受训的主要肌肉和每项训练中参与运动的关节活动会传递相应的线索。例如，肱三头肌下压和肱三头肌过顶推举很相似，因为这两种训练都是以肱三头肌为主要肌肉，以肘关节的屈伸为主要的关节活动。有了定期的训练计划，两种肱三头肌训练在运动方面的相似性就能为肌肉时钟提供与训练的模式及类型相关的线索，以使肌肉时钟预测即将到来的训练及其进行的时间。

爆发力训练不同于力量训练。在依靠速度的情况下，爆发力训练不仅运用了快速伸缩复合训练方法，还能结合更快的运动，充分利用肌肉在拉长后产生力量的能力。因为伸展是肌肉生长的主要刺激因素，快速伸缩复合训练提供的时间线索能够告知我们肌肉伸展的具体时段，以及哪种训练能够为肌肉时钟提供独特的优势，使其为即将到来的训练做准备，进而提高肌肉表现。复合训练将力量训练与爆发式的快速伸缩复合训练相结合，增加了一种以激活后增强效应（PAP）和肌肉收缩力为基础的新的时间线索。

使用生物力学方面相类似的练习

首先，复合训练会将两种生物力学方面相似的练习（抗阻训练和快速伸缩复合训练）配对，同时，该训练还会使用相似的肌群和关节活动。例如，高翻和垂直跳跃便是生物力学方面配对的练习，可用于开发复合的配对训练计划。在这种情况下，高翻是一种抗阻训练（参见图8.5），而垂直跳跃（参见图8.6）则为快速伸缩复合训练。

图8.5　高翻：a. 起始位置；b. 过渡位置；c. 抓取位置

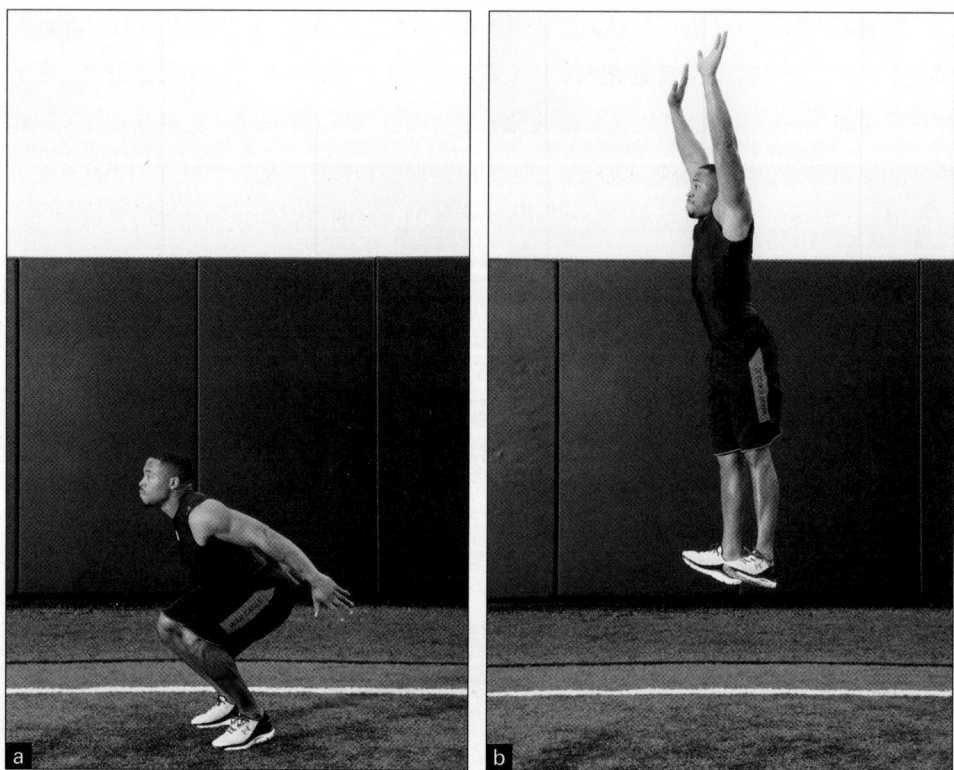

图8.6 垂直跳跃：a. 反向运动（预蹲）之后的位置；b. 跳至最高点的位置

睾酮水平

众所周知，睾酮水平会在一天中自然波动。肌肉时钟能够感知这些波动，并在设定和重置24小时生物节律时做出反应。睾酮水平在早上最高，然后在下午4~6点开始稳定，随后逐渐下降。睾酮水平的每日波动很好地体现了人体内的同步性。在一天其中早些时候，即内部时钟对活动进行预测时，肌肉力量和爆发力所需的自然分泌的睾酮水平将达到峰值，然而在预期性休息开始之前，它会慢慢地下降。

虽然睾酮水平在一天中的变化与大多数人的活动和休息相一致，但其也可能受到其他因素的控制，如抗阻训练。抗阻训练期间和之后，睾酮水平会受到影响[6]。多关节练习，如深蹲和硬拉，被认为是刺激睾酮释放的最有效的方法。然而，一般情况下，高强度的训练，如那些提高肌肉爆发力的训练（如深蹲跳），也可能是有益的。虽然深蹲跳不会像常规深蹲那样使用大量的外部负重，但它会刺激睾酮的释放。

比抗阻训练更具体的是，睾酮水平对不同的训练（如硬拉和肱二头肌弯举）有不同的反应。例如，与使用单一关节（肘部）以及肌群（肱三头肌）的坐姿-器械-肱三头肌下压训练（参见图8.8）相比，一种上肢训练——史密斯训练架-爆发式卧推（参见图8.7）能够释放更多的睾酮到血液中。睾酮的释放量与两种训练的肌肉使用量、总体强度相关联：史密斯训练架-爆发式卧推使用身体上较大的肌肉（胸大肌），而坐姿-器械-肱三头肌下压只使用较小的肌肉（肱三头肌）。显然，史密斯训练架-爆发式卧推比坐姿-器械-肱三头肌下压训练强度更大，能够更有效地释放睾酮和人体生长激素。因此，我们可以得出以下结论：尽管二者在生物力学方面是相似的，但史密斯训练架-爆发式卧推还是比坐姿-器械-肱三头肌下压更能提示肌肉时钟，因为它们都是通过肘部的伸展来完成训练。

人体生长激素的释放

在抗阻训练中，人体生长激素将被释放到血液当中。高强度、复合的、多关节训练（如深蹲跳）能够有效地促进这种激素的释放[2]。在爆发力训练过程中，人体生长激素的释放将会是肌肉时钟的宝贵线索，有助于肌肉预测一天中什么时候进行训练，以及进行什么类型的训练。

图8.7　史密斯训练架-爆发式卧推：a. 反向运动之后的位置；b. 结束位置

图8.8 坐姿-器械-肱三头肌下压：a.起始位置；b.结束位置

皮质醇的释放

抗阻训练期间，会产生一定的压力；因此，身体不可避免地会将皮质醇释放到血液中。虽然皮质醇在很大程度上被认为是一种与负面效果（如脂肪量的增加）相关的负面激素，但随着时间的推移，反复的训练会降低皮质醇的水平。

与人体内大多数的化学物质一样，皮质醇也有自己的自然节律。自然状态下，皮质醇水平会在早上8点左右达到最高值，在凌晨3~4点回落至最低值。这种模式与睾酮相似，表明人在清醒和警觉时比休息和睡眠时更需要皮质醇。与体内其他生化指标（如睾酮和人体生长激素）类似，皮质醇水平不仅会产生日常波动，也会随着环境变化（如运动和训练需求）而升高或降低。

肌肉爆发力的训练取决于快速、高强度、全身性的爆发力训练，众所周知，这些训练会提高皮质醇水平，可以作为宝贵的时间线索，帮助肌肉时钟预测即将到来的训练。皮质醇的释放在两种大型复合训练，如深蹲跳、史密斯训练架-爆发式卧推中类似，然而在单关节练习，如坐姿伸膝或俯卧屈腿中，皮质醇释放得比较少。

复合训练计划

复合训练的本质为超级组训练。复合训练往往被设计成超级组的训练形式，或者连续地执行两项练习，每两组练习之间会安排短暂的休息时间。记住，组间的休息时间与训练强度呈反比：训练的强度越高，休息的时间就越长。

在一个复合配对训练模型中，第1项练习是一个负重较大的力量训练，亦称为抗阻训练，而第2项练习是一种低抗阻的快速伸缩复合训练，难度等级分为低、中、高3种。

在传统的复合训练中，抗阻训练是一种多关节的全身爆发力训练。然而，我们可以用单关节的单一肌肉训练来代替全身爆发力训练。是否使用全身爆发力训练和单一肌肉训练取决于运动员的目标，也会随着每次单独训练而变化。一个典型的配对训练中，需先进行4~6次的抗阻训练，然后再完成5~8次的快速伸缩复合训练。

与所有同步训练的建议一致，在复合训练之后，需要48小时的休息时间才能让力量完全恢复到基线水平。然而，一旦休息时间超过96小时，就会导致停训的情况发生[1]，因此，我们应该规避这种情况的发生。

使用模式（运动类型）来设计训练

和侧重于生物力学方面相类似的配对练习的训练和计划方法相一致，训练的模式或类型是最重要的计划变量。对复合训练，其模式始终为抗阻训练，同时，只有在高负荷、高强度的抗阻训练，以及超级组的第二种训练（爆发式的快速伸缩复合训练）之间，该模式才会发生变化。

与复合训练相关的其他模式问题涉及多关节或单关节的训练、单侧或双侧的训练以及快速伸缩复合训练的强度。与本书中探讨的所有运动模式一样，将具有相似的肌肉、关节活动之间的配对作为一个独特的计划变量，它能够为肌肉时钟提供与即将到来的训练相一致的线索。

下肢训练

进行下肢训练的时候，只会动用下肢的肌肉和关节。下肢训练包括复合训练，如深蹲和卧蹬，这些训练都需要动用较大的肌肉和肌群。这些训练能最大限度地释放睾酮和人体生长激素，同时，有研究表明，它们在增肌和改善力量与爆发力方面有一定作用。在复合训练中，往往将下肢训练用作配对练习的第一项练习。

一项研究比较了复合训练计划与传统训练计划在提高下肢肌肉力量及爆发力方面的影响[3]。共有16名受试者分别被分配到复合训练组和传统训练组，两组抗阻训练的训练量和强度相似。复合训练进行了最大的力量训练和爆发力训练。在前4周，传统训练组与复合训练组一起进行相似的训练，然后在计划的后半段进行等效的爆发力训练。两项训练计划都增加1RM深蹲和深蹲跳训练。复合训练组在最大力量，反向跳跃高度，10米、15米和20米跑方面均有所提高，而传统训练组仅在5米跑方面有所提高。本研究结果表明，在长距离耐力训练中，复合训练比传统训练更能有效地提高力量和爆发力。而传统训练对距离跑步表现更有效（至少在这项研究中是这样的）。

上肢训练

进行上肢训练的时候，只动用上肢的肌肉与关节。上肢训练（如卧推）不仅涉及大量的动作，还可以像下肢的复合训练一样，提高睾酮和人体生长激素的水平。虽然在训练期间，我们也可以进行像卧推这样的复合训练，或者在复合配对训练中将其用作第一项练习，但它不如深蹲那么常见。

单侧训练

单侧训练只使用身体的一侧来完成相关动作，而身体的另一侧则给运动员提供支撑以及稳定性。单侧训练既可以调动小肌肉，如上臂的肱二头肌，也可以调动较大的肌肉，如单腿深蹲时调动的腿部肌肉。单侧训练在单臂训练中尤其重要（如标枪），并且单侧训练更有可能均匀地训练身体的每一侧。

双侧训练

双侧训练会同时使用身体两侧的肌肉。在理想的情况下，在双侧训练中身体的每一侧都是平等的。双侧训练可以是单关节或多关节运动，甚至可以是涵盖单一肌群的训练，如针对腘绳肌的俯卧屈膝训练，或者是大量肌群参与的训练（如硬拉）。

主动肌 – 拮抗肌训练

主动肌 – 拮抗肌或功能相反的肌群进行针对性训练在所有训练环境中都是常见的。如此一来，加快了训练时间，这对全身的调节很有好处。主动肌 – 拮抗肌训练依赖于运动的肌肉（主动肌），而功能相反的肌肉（拮抗肌）则处于拉长或放松的状态，反之亦然。这是一种相互的抑制作用。最重要的是，配对的主动肌 – 拮抗肌训练能够让目标肌肉在每组练习中都保持活跃的状态。

实际上，主动肌 – 拮抗肌训练并非是复合训练，因为这两种训练在生物力学方面并不相似。然而我们还是对这两种训练进行了阐述，因为大众普遍采用这种方法，并将传统的力量与爆发力训练效果与复合训练效果进行对比。

通常，研究的配对训练是先做卧推，然后再做划船等拉力训练。他们会探讨这样一个问题，即主动肌 – 拮抗肌复合配对训练（一种是快速伸缩复合训练）是否会像传统的复合训练一样影响爆发力的改善？简而言之，答案是当主动肌 – 拮抗肌配对训练已用于复合训练（快速伸缩复合训练）时，它已经被证明对提高力量有效，但不一定能够提高爆发力[1]。

训练强度

个性化的原则是至关重要的，因为它能够在制订复合训练计划时确保安全性以及有效性。在抗阻训练期间，运动员应该根据个人的基础和当前的基线力量水平来选择相应的重量。根据美国国家体能协会的指导方针和当前关于激活后增强效应（PAP）的益处所必需的重量的数据，应用于抗阻训练的重量应为65%~85%1RM[5]。

训练量

与频率一样，训练量占总训练负荷的一半，此外，每次训练以及每周、每月的训练当中都会有相关的反映。在抗阻训练中，训练量指在一次训练中完成的重复次数和组数，然后与频率相结合,以反映一周或更长时间内完成的总训练量。用于提高肌肉爆发力的复合训练是一种高强度的训练模式,因此,应将总训练量保持在较低的水平,以尽量减少训练负荷,保证足够的恢复时间。由于24小时内的训练频率是肌肉寻找的一个重要的时间线索,需对训练量和训练频率加以控制,从而让线索保持一致。

运动–休息周期

在本书中,有充分的证据表明,肌肉时钟依赖于定期的运动–休息周期来获取重要的时间线索。这些运动–休息周期为肌肉时钟提供了一种独特的方式来每24小时地做出正确预测。运动的强度以及时间有利于肌肉时钟了解规律的运动–休息周期。在复合训练中,所使用的高强度训练是向肌肉时钟发出的清晰信号,有了这种信号,肌肉就能了解正在进行的活动,以及这些活动在24小时内什么时候发生。

对复合训练,最重要的是,第1组训练和第2组训练之间的关系。记住,第1组训练(抗阻训练)是让肌肉在第2组训练(快速伸缩复合训练)中表现得更好。这种训练方法的效果取决于第1组的训练能否刺激肌肉并增强其收缩能力。如果组间休息时间过长,肌肉会重置,就会限制第1组训练对第2组训练的效果。两组组间休息过长会导致启动效应的丧失。

我们可以根据很多因素来确定最佳的组间休息时间。文献综述表明,进行高强度的抗阻训练时,应该安排30秒~4分钟的训练,以及4分钟的休息时间[1]。

组间的运动–休息间隔很重要,但正如第7章所探讨的,组内的休息也是一个重要的计划变量。在爆发力训练方面,一项研究比较了传统组别结构与两种不同的群集组别结构的影响(一组做2个群集,另一组做4个群集)[7]。传统组别和群集组别的区别在于,群集组别包含了组内休息时间。

研究人员比较了两种训练方法对有力量训练经验的男性在做深蹲时的肌肉力量、速度和爆发力的影响。每组受试者以60%1RM,进行3组共12次的训练。

结果表明,2个群集组和4个群集组的峰值速度、平均速度、峰值功率和平均功率均大于传统组别。这些结果表明,组内休息能够更有效地提高爆发力。

另一个重要的发现是，当比较每个训练组内的单一组别时，在传统组别中，峰值速度、平均速度、峰值功率和平均功率都有所下降，而在群集组别中没有下降。换言之，与传统组别相比，组内休息能让肌肉在整个运动过程中更加高效地工作。这些结果表明，群集组别结构保持了速度和爆发力，而传统组别结构则不能。在爆发力训练中，增加群集组别中的组内休息间隔的频率可以最大限度地改善这一结果，如果要在训练过程中保持最大速度，则建议采用这种方法。

抗阻训练和快速伸缩复合训练的配对案例

进行快速伸缩复合训练时，可以在同一阶段训练肌肉的力量和爆发力，同时也可以锻炼肌肉耐力。复合训练模式与其他训练模式的区别在于以下两点。

1. 使用生物力学方面相互配对的练习。
2. 将生物力学方面相似的抗阻训练（高负荷、高强度的训练）与快速伸缩复合训练配对。

本章的剩余篇幅主要介绍可能的配对训练和复合训练方法。表8.2~表8.11并未涵盖所有可能的配对训练；相反，这些表格旨在介绍配对训练最常见的方式。

表8.2 单侧下肢训练和低强度的快速伸缩复合训练

练习动作	重复次数	强度	组间休息
上台阶	4~6	65%~85%1RM	30秒~4分钟
单腿垂直跳	5~8	自身体重	30秒~4分钟
上台阶	4~6	65%~85%1RM	30秒~4分钟
单腿垂直跳	5~8	自身体重	30秒~4分钟
上台阶	4~6	65%~85%1RM	30秒~4分钟
单腿垂直跳	5~8	自身体重	30秒~4分钟

表8.3 单侧下肢训练和中等强度的快速伸缩复合训练

练习动作	重复次数	强度	组间休息
分腿深蹲	4~6	65%~85%1RM	30秒~4分钟
双腿交换跳	5~8	自身体重	30秒~4分钟
分腿深蹲	4~6	65%~85%1RM	30秒~4分钟
双腿交换跳	5~8	自身体重	30秒~4分钟
分腿深蹲	4~6	65%~85%1RM	30秒~4分钟
双腿交换跳	5~8	自身体重	30秒~4分钟

表8.4 单侧下肢训练和高强度的快速伸缩复合训练

练习动作	重复次数	强度	组间休息
弓步	4~6	65%~85%1RM	30秒~4分钟
跳深至另一跳箱	5~8	自身体重	30秒~4分钟
弓步	4~6	65%~85%1RM	30秒~4分钟
跳深至另一跳箱	5~8	自身体重	30秒~4分钟
弓步	4~6	65%~85%1RM	30秒~4分钟
跳深至另一跳箱	5~8	自身体重	30秒~4分钟

表8.5　双侧下肢训练和低强度的快速伸缩复合训练

练习动作	重复次数	强度	组间休息
前蹲	4~6	65%~85%1RM	30秒~4分钟
跳起摸高	5~8	自身体重	30秒~4分钟
前蹲	4~6	65%~85%1RM	30秒~4分钟
跳起摸高	5~8	自身体重	30秒~4分钟
前蹲	4~6	65%~85%1RM	30秒~4分钟
跳起摸高	5~8	自身体重	30秒~4分钟

表8.6　双侧下肢训练和中等强度的快速伸缩复合训练

练习动作	重复次数	强度	组间休息
卧蹬	4~6	65%~85%的1RM	30秒~4分钟
跳箱－横向跳跃	5~8	自身体重	30秒~4分钟
卧蹬	4~6	65%~85%1RM	30秒~4分钟
跳箱－横向跳跃	5~8	自身体重	30秒~4分钟
卧蹬	4~6	65%~85%1RM	30秒~4分钟
跳箱－横向跳跃	5~8	自身体重	30秒~4分钟

表8.7　双侧下肢训练和高强度的快速伸缩复合训练

练习动作	重复次数	强度	组间休息
深蹲	4~6	65%~85%1RM	30秒~4分钟
屈体跳	5~8	自身体重	30秒~4分钟
深蹲	4~6	65%~85%1RM	30秒~4分钟
屈体跳	5~8	自身体重	30秒~4分钟
深蹲	4~6	65%~85%1RM	30秒~4分钟
屈体跳	5~8	自身体重	30秒~4分钟

表8.8 上肢训练和低强度的快速伸缩复合训练

练习动作	重复次数	强度	组间休息
负重俯卧撑	4~6	65%~85%1RM	30秒~4分钟
药球－胸前传球	5~8	不能确定*	30秒~4分钟
负重俯卧撑	4~6	65%~85%1RM	30秒~4分钟
药球－胸前传球	5~8	不能确定*	30秒~4分钟
负重俯卧撑	4~6	65%~85%1RM	30秒~4分钟
药球－胸前传球	5~8	不能确定*	30秒~4分钟

*一般情况下，我们会根据以下规则来确定药球的重量：药球必须足够重，这样可以减慢运动速度，但如果太重，运动员难以在舒适的状态下完成至少5次的练习，因此，运动员应选择自己能控制又不太重的药球进行训练。

表8.9 上肢训练和中等强度的快速伸缩复合训练

练习动作	重复次数	强度	组间休息
哑铃卧推	4~6	65%~85%1RM	30秒~4分钟
快速伸缩复合式俯卧撑或击掌俯卧撑	5~8	自身体重	30秒~4分钟
哑铃卧推	4~6	65%~85%1RM	30秒~4分钟
快速伸缩复合式俯卧撑或击掌俯卧撑	5~8	自身体重	30秒~4分钟
哑铃卧推	4~6	65%~85%1RM	30秒~4分钟
快速伸缩复合式俯卧撑或击掌俯卧撑	5~8	自身体重	30秒~4分钟

表8.10 上肢训练和高强度的快速伸缩复合训练

练习动作	重复次数	强度	组间休息
杠铃卧推	4~6	65%~85%1RM	30秒~4分钟
史密斯训练架－爆发式卧推	5~8	杠铃杆重量	30秒~4分钟
杠铃卧推	4~6	65%~85%1RM	30秒~4分钟
史密斯训练架－爆发式卧推	5~8	杠铃杆重量	30秒~4分钟
杠铃卧推	4~6	65%~85%1RM	30秒~4分钟
史密斯训练架－爆发式卧推	5~8	杠铃杆重量	30秒~4分钟

表8.11 主动肌-拮抗肌配对训练

练习动作	重复次数	强度	组间休息
俯身划船	4~6	65%~85%1RM	30秒~4分钟
快速伸缩复合式俯卧撑	5~8	自身体重	30秒~4分钟
俯身划船	4~6	65%~85%1RM	30秒~4分钟
快速伸缩复合式俯卧撑	5~8	自身体重	30秒~4分钟
俯身划船	4~6	65%~85%1RM	30秒~4分钟
快速伸缩复合式俯卧撑	5~8	自身体重	30秒~4分钟

训练案例

表8.12介绍了一个主要目标为提高爆发力的训练案例。表8.13介绍了一个主要目标为改变身体成分的训练案例。

表8.12 训练案例：主要目标为提高爆发力

练习动作	重复次数	群集组别	强度	组间休息
全身爆发力训练	4~32	1~2	65%~85%1RM	30秒
高强度快速伸缩复合训练	4~32	1~2	自身体重	30秒

表8.13 训练案例：主要目标为改变身体成分

练习动作	重复次数	强度	组间休息
单侧或双侧下肢训练	4~6	65%~85%1RM	30秒~4分钟
低-高强度快速伸缩复合训练	5~8	不能确定*	30秒~4分钟
单侧或双侧下肢训练	4~6	65%~85%1RM	30秒~4分钟
低-高强度快速伸缩复合训练	5~8	不能确定*	30秒~4分钟
单侧或双侧下肢训练	4~6	65%~85%1RM	30秒~4分钟
低-高强度快速伸缩复合训练	5~8	不能确定*	30秒~4分钟

*决定增加快速伸缩复合训练阻力的时候，需遵照以下通用规则：首先，运动员需要在无负重的状态下，正确且轻松地进行至少5次练习，对每位运动员来说，当负荷很低时，需适当地增加重量。一旦增加了重量，运动员必须能够在至少重复5次的情况下，使用与未加重前相同的力学原理和运动范围来进行负重快速伸缩复合训练。

小结

虽然人们普遍认为，复合训练有助于发展肌肉爆发力，特别是对训练有素的运动员来说，其目的是用来提高肌肉力量和爆发力。为了能够同时达到发展力量和爆发力的双重目标，这种复合训练方法会将高强度的抗阻训练和生物力学方面相类似的快速伸缩复合训练结合起来。

通过配对训练，复合训练可以为肌肉时钟提供与抗阻训练的时间、强度相关联的重要线索。复合训练，从主动肌－拮抗肌的配对到单侧和双侧训练的配对，甚至使用上肢训练和下肢训练的策略，均存在很大的差异。不管训练是如何配对的，复合训练都会依赖于神经系统控制的关键方面，其中包括神经启动和激活后增强效应。同时，神经启动和激活后增强效应可以使神经和肌肉为更快的动作做准备，进而使大脑更容易募集所需的肌纤维进行训练，并提高运动表现。

第**9**章 | 利用肌肉时钟进行同步训练

　　许多运动员都会进行同步训练——在同一次训练中同时进行心血管耐力训练和抗阻训练。这样似乎有助于在单一训练中实现多元化目标。但事实果真如此吗？还是适得其反呢？很明显，尽管同步训练对全身总体而言有良好的效果，但对提高特定肌肉表现水平来讲，结果往往不如人意。实际上，就肌肉表现水平具体而言，如果在同一次训练或同一天内比较接近的时间段内进行心血管耐力训练和肌肉力量训练，那么同步训练并不利于提高肌肉力量和爆发力。

同步训练

　　同步训练是指在同一次训练或同一天的相近时间段内进行心血管耐力训练和抗阻训练。很久以前，运动科学领域曾认为同步训练方法既省时又能达到多种训练目标。然而，如今心血管耐力训练和抗阻训练在分子水平上的竞争机制已被揭晓——在某些情况下，两种训练取得的效果彼此抵消，导致肌肉力量和爆发力无法大幅提升。事实上，最先关于同步训练效果的里程碑式的研究[12]表明，在同时进行心血管耐力训练和抗阻训练研究的最后，肌肉力量实际上有所下降。实验结果表明，心血管耐力训练对心血管耐力（根据最大摄氧量测定）无明显提高作用，甚至影响了力量的改善——这一发现具有里程碑式的意义。自1980年以来，人们普遍认为：心血管耐力训练会干扰肌肉力量的表现水平，而身体倾向于心血管耐力水平结果而非肌肉力量结果。

在分子层面，同步训练会引起肌肉混乱。想象一下：肌肉会像人一样感到困惑。如果你走进一个旋转运动中心，来参加一个旋转类运动课程，却发现地板上只有普拉提的器材，那么你也会感到困惑。肌肉也是如此。在同一次训练中，如果我们进行两种相互竞争的训练模式，如心血管耐力训练和抗阻训练，那么参与这一过程的肌肉就会无所适从。肌肉混乱发生在分子层面，与心血管耐力、肌肉力量和爆发力相关的分子机制各不相同。当两种训练模式进行的时间特别接近时，肌肉就不知道该如何反应了。最后，与肌肉力量和爆发力相关的分子机制被打败，与心血管耐力相关的分子机制占据上风，但最后的训练结果却不尽如人意。

在一项使用当代流行训练方法[8]进行的同步训练研究中，研究人员研究了一系列高强度间歇骑行耐力训练和高速抗阻训练的组合。研究表明，在为期7周的研究期间内，研究人员进行多次测量。结果显示，在仅进行耐力训练的组别和耐力训练结合抗阻训练的组别的骑行最大摄氧量都得到了相同程度的提升，但各组的肌肉力量提升水平却不一致。仅进行抗阻训练的组别在最大力矩（输出力量的旋转分量）上都有所增加，而两者兼有的组别只在个别力矩上有显著提升。这表明，在高速（而非低速度）力量输出过程中，力量和爆发力受到了干扰。

此外，还有证据表明：同步进行心血管耐力训练会干扰增肌效果[15]，从而干扰力量的发展。研究人员发现，心血管耐力训练和抗阻训练的同步训练会对肌纤维横截面积有负面影响。然而，这项研究的特别之处在于：研究人员发现，只有当两种运动模式涉及相同的肌群时，同时进行的训练才会阻碍力量的发展，这种情况表明同步训练是局部效应而不是全身性效应。

后续的研究显示了同步训练的局部效应与全身性效应的不同之处。一项有关下肢冲刺间歇训练对上肢增肌和力量影响[14]的研究结果表明，冲刺间歇训练与抗阻训练的组合对上肢增肌和力量有负面影响。这一发现的重大意义在于，它与早期研究发现的同步训练的局部效应相反。有氧耐力训练和抗阻训练产生的效果并不特定于某些肌肉。下肢冲刺间歇训练对上肢力量表现有不利影响。因此，耐力训练效果会影响未参与运动的肌肉。这对同步训练计划是很重要的，大多数心血管耐力训练模式都使用下肢肌群。根据这项研究，上肢肌群即使不参与运动，也会无法避免地受到同步训练和干扰的负面影响。研究结果表明，在心血管耐力训练和抗阻训练中，训练不同肌群仍然无法避免干扰机制的产生。

竞争机制

第2章详细讨论了造成肌肉混乱的竞争机制。在这里，我们将谈到竞争机制的神经因素和基质因素。

如第2章所述，在讨论竞争机制之前，理解肌肉混乱至关重要。肌力生成能力是衡量肌肉力量的方法之一，也是理解肌肉训练最重要的概念。通过这种方法，我们可以判断肌肉是否真的变强壮了。尤其在同步训练中，肌力生成能力可以测定心血管耐力训练是否干扰了肌肉表现水平。

在一项为期4天的研究中，研究人员对肌力生成能力进行测量。研究中的同步训练模式包括高强度下肢抗阻训练和心血管耐力训练[7]。结果显示，在测试期间同时进行抗阻训练和心血管耐力训练时，肌肉力量减弱了，表明肌肉受到了干扰。结果清楚地表明，影响肌肉生长、力量和爆发力提升效果的机制以及与心血管耐力水平变化相关的机制相互竞争和干扰，降低了抗阻训练质量。

神经因素

另一项研究比较了同一次训练中抗阻训练和心血管耐力训练（骑行）的不同组合对神经肌肉的适应性。研究期限为24周，包含两种负荷顺序，在不同日期进行[9]。研究人员将56名受试者分为3个训练组：每周4~6天不同天数的抗阻训练组和心血管耐力训练组、相同天数但优先进行2~3天心血管耐力训练的训练组、相同天数但优先进行2~3天抗阻训练的训练组。

研究人员测量并分析了动态和等长阻力、肌肉活动、随意肌激活、肌肉横截面积和心血管耐力表现水平。结果表明，骑行时，所有组别在动态1RM、等距力、肌肉横截面积和最大力量输出方面都有改善。训练期间，在心血管耐力训练前的不同训练日的抗阻训练过程中，随意肌激活能力更强；而在抗阻训练前的心血管耐力训练中，在12周和24周后测得的随意肌激活能力并未增加。

其他结果表明，24周最大等长肌肉动作训练之后，抗阻训练前的心血管耐力训练无法改善肌肉活动的最大等长收缩力，而心血管耐力训练前的抗阻训练可以提高最大肌肉活动。这一点很重要，因为它表明心血管耐力训练前的抗阻训练组神经活动增强，而在抗阻训练前的心血管耐力训练组神经活动未得到改善。此外，当在抗阻训练之前进行心血管耐力训练时，神经适应性显示出下降迹象。

另一项研究检测了在24周的心血管耐力训练和抗阻训练中，业余跑步者同时进行心血管耐力训练和抗阻训练情况下的神经肌肉适应情况，并与仅进行心血管耐力训练的结果相比较[22]。两个研究对象组的耐力训练频率相似，每周4~6次。在同步训练组中，额外进行最大和爆发式抗阻训练，且在心率达到最大值的65%~85%、持续35~45分钟的增量跑步训练结束后进行。

结果表明，在同步训练组，动态卧蹬的最大力量保持不变。然而，在只进行跑步的组中，动态卧蹬的最大力量在24周时下降。两组受试者的等长卧蹬、单侧伸膝力量、伸膝肌的活动度、随意肌活动度均无变化。训练12周和24周后，两组肌肉横截面积的变化各不相同——同步训练组比单一跑步组增加肌肉量更多。最重要的是，抗阻训练后进行的耐力训练并没有导致最大力量、肌肉大小、肌肉活动度或随意肌激活能力的增加。这表明，在同步训练过程中，与增加肌肉大小、力量和爆发力相关的机制受到心血管耐力训练的负面影响；尤其当在抗阻训练前进行心血管耐力训练时，负面影响更大。

还有一项研究比较了24周早晚同步进行抗阻训练和心血管耐力训练对神经肌肉和耐力的影响[17]。共有51名男性受试者被分成早晨、晚上训练组（在心血管耐力训练前进行抗阻训练，或在抗阻训练前进行心血管耐力训练）和对照组。研究人员还在最大骑行测试中测量了等长收缩力、随意肌激活能力和峰值功率。

第一个重大发现是，在一天中的早晨训练时，没有观察到神经肌肉性能方面的顺序特异性有所提高。然而，在分析晚上的结果时，情况发生了变化。在晚上，与在抗阻训练前进行心血管耐力训练相比，在心血管耐力训练前进行抗阻训练时的等长肌肉力量和活动变化较大。结果表明，在晚上先进行抗阻训练、后进行心血管耐力训练时，同步训练计划对神经肌肉的适应性更强。

同步训练会造成干扰，从而对肌肉力量和爆发力表现效果产生负面影响。尽管几十年来，人们已经清楚地认识到干扰的存在，但造成干扰的机制仍在研究之中。第2章介绍并阐释了与肌肉混乱和干扰相关的机制。本章将在此基础上，提出对相关机制成因的合理解释，并说明在同步训练时，肌肉混淆和干扰发生的过程和原因。

肌肉因素

由于长期的训练，肌肉会发生变化，肌肉耐力、大小、力量和爆发力会随之产生适应性变化。虽然在很大程度上，肌肉总是朝着对自身有利的方向变化，但这些变化并不总是相辅相成的，其在互相适应的同时也可能发生干扰或竞争。特别是那些改善心血管适能和肌肉耐力的因素会对肌肉大小、力量和爆发力结果产生负面影响。肌肉的局部变化是引起多数冲突机制产生的原因，本文将就此进行讨论。

纤维类型转换

在同步训练中，心血管耐力训练导致的肌纤维成分变化可能是抑制肌肉力量增加的原因之一[3]。众所周知，与慢肌纤维（I型）相比，力量训练会让骨骼肌的快肌纤维（II型）的增加更明显[2]。然而，用大鼠实验证明，长时间心血管耐力训练会减慢快肌纤维的最大缩短速度；根据肌球蛋白三磷酸腺苷酶的变化来测定[18]，骨骼肌的快肌纤维转变为了慢肌纤维。这些数据表明，进行心血管耐力训练会减少快肌纤维数量，对肌肉混乱和干扰产生极大影响，从而限制肌肉大小、力量和爆发力的发展。

收缩性

除了纤维类型转换，同步训练产生的长期适应复杂且消极，而肌肉收缩性受到同步训练的影响更加基础和直观。长时间进行心血管耐力训练，如骑行，会降低抗阻训练期间肌肉有效快速收缩的能力，不利于肌肉大小、力量和爆发力的发展[6]。这一研究结果证实，当在心血管耐力训练之后进行抗阻训练时，肌肉大小、力量和爆发力的发展都会受到负面影响。

同样重要的是，我们应认识到，虽然肌肉收缩性可以直接影响抗阻训练效果，但这种效果可以由恢复时长、每种运动方式的强度以及心血管耐力训练的频率和训练量进行调节。

延迟性肌肉酸痛

同步训练中，延迟性肌肉酸痛可能是导致肌肉水平干扰的另一种机制。它由一系列微观肌肉变化引起，如肌纤维上细小的撕裂，可能会阻碍肌肉大小、力量和爆发力的发展。一项研究表明，当延迟性肌肉酸痛发生时，初级运动员的肌肉力量在同一时间下降[1]。需要注意的是，这项研究以初级运动员为样本，来支持延迟性肌肉酸痛理论，接受过抗阻训练的运动员会发生不同反应。然而，这一理论始终认为，肌纤维中的任何微小撕裂都会对抗阻训练效率产生不利影响。

训练过度

另一个导致心血管耐力训练和抗阻训练机制相互竞争的原因可能是训练过度。同时进行抗阻训练和心血管耐力训练可能会导致训练过度，这可能是导致肌肉力量无法达到最佳表现水平的原因[3]。一般情况下，过度训练由训练和恢复之间的不平衡[16]引起，这种不平衡被定义为肌肉表现水平未得到改善或下降。例如，一项关于同步训练的研究显示，在同步训练的第9周和第10周，肌肉力量有所下降[12]。有人认为，导致肌肉力量下降的具体原因是训练过度，因为同步训练组进行了80分钟的训练，而训练量对力量的发展有负面影响。肌肉过于疲劳，无法产生足够的力来提高力量。

然而同步训练计划的第9周和第10周，在发现肌肉力量下降的情况下，测量结果显示，同步训练后，疲劳并未对心血管耐力产生负面影响。这再次表明，在同步训练中，肌肉力量的发展最先受到影响。

基质因素

除了解释肌肉混乱和神经以及肌肉水平的干扰外，基质因素也会影响同步训练效果，如糖原消耗，蛋白质分解增加，睾酮、皮质醇和乳酸水平变化。在心血管耐力训练过程中，这些生理过程会过度消耗细胞液中的可用基质，分解蛋白质，并引发其他生物化学物质的波动，从而影响肌肉大小、力量和爆发力的发展。

蛋白质分解

在长时间进行肌肉运动的过程中，蛋白质分解也会导致延迟性肌肉酸痛，进而降低力量训练效果。然而，蛋白质又是形成肌肉所必需的营养物质。因此，当蛋白质耗尽时，肌肉大小、力量和爆发力表现水平都会受到不利影响。

经研究证明，心血管耐力训练可以降低运动期间的骨骼肌蛋白质合成率。虽然蛋白质消耗是短期的，但它会导致运动后数小时内蛋白质合成减少，从而中断肌肉的生长能力。因此，当在同一次训练中进行心血管耐力训练和抗阻训练时，蛋白质合成可能会中断，导致肌纤维大小变化几乎停止，从而降低与肌肉力量相关的表现水平[15]。归根结底，每周进行多次同步训练，可能会破坏蛋白质的合成机制，而这种机制正是抗阻训练后产生的适应性——肌肉生长所需的。

糖原水平

反复或同时进行抗阻训练或心血管耐力训练，会导致肌肉糖原水平长期偏低，从而影响未来的训练进程。连续几天进行心血管耐力训练，可以降低静息肌糖原水平[4]；并且，在抗阻训练结束后，糖原也会过多消耗[23]。在同步训练中，肌糖原水平过低会损害细胞内物质对抗阻训练的信号反应，使肌肉力量的发展处于停滞状态[5]。这意味着，每日一次或两次的同步训练计划可能会损害人体对抗阻训练和运动恢复的反应。

睾酮水平

睾酮水平变化是另一个对同步训练时发生肌肉混乱和干扰的可能性解释。与仅进行抗阻训练组、仅进行心血管训练组以及同时进行心血管训练和抗阻训练组相比,只有仅进行力量训练组的睾酮水平升高[7]。正如预期所料,仅进行耐力训练组和同步训练组的睾酮水平都有所下降。这一重要发现对竞技体育和大众健身及训练计划具有深远影响。

这里有一个关键点:睾酮水平与肌肉大小、力量和爆发力表现水平有直接联系。睾酮水平越高,肌肉表现水平越高。因此,在进行同步训练时,如果睾酮水平降低,则抗阻训练效果就会减弱。这表明,对训练计划进行精心设计,以避免肌肉混乱和干扰很有必要。

血乳酸和皮质醇水平

与只检测睾酮水平的研究[7]相反,另一项研究同时检测了同步训练对健身爱好者的肌力生成能力,睾酮、皮质醇和血乳酸浓度的影响[13]。研究结果对人们理解同步训练中的竞争机制至关重要。当研究人员将不同顺序的同步训练(仅进行抗阻训练、先进行抗阻训练后进行心血管耐力训练、先进行心血管耐力训练后进行抗阻训练)进行比较时,他们发现:在三种训练条件下,睾酮水平都会增加;但先进行心血管耐力训练后进行抗阻训练时,肌力生成能力受到负面影响,表明心血管耐力训练会干扰肌肉收缩,降低肌肉力量输出;并且,先进行心血管耐力训练后进行抗阻训练时,血乳酸和皮质醇水平升高。归根结底,在进行抗阻训练前进行心血管耐力训练,会提高血乳酸和皮质醇水平并影响运动肌肉的收缩性能,从而影响力量的发展。

血乳酸和皮质醇水平是决定同步训练效果的额外代谢因素。当睾酮水平达到一定水平,可以提高肌肉大小、力量和爆发力,而血乳酸和皮质醇浓度正好相反。为了在抗阻训练中获得最佳的肌肉表现水平,血乳酸和皮质醇水平应维持在较低水平,否则会影响肌肉生长、力量和爆发力的提高。先进行心血管训练后进行力量训练,会提高血乳酸和皮质醇水平,使增肌的效果欠佳,影响力量和爆发力的发展,从而干扰与预期表现效果相关的分子适应。

分子信号因素

长期的抗阻训练会通过激活蛋白质特异性生长促进信号网络导致肌肉肥大。然而，心血管耐力训练会对肌肉内的蛋白质信号网络产生负面影响，使抗阻训练对发展肌肉质量、力量和爆发力的效果降低。

关于抗阻训练后的肌肉如何增长，对人类和啮齿动物的研究表明，一次抗阻训练导致至少三种与调节肌肉蛋白质合成相关的基质活性增加：磷酸肌醇3依赖性蛋白激酶（PI3DK）[11]、蛋白激酶B（PKB）[20]、核糖体S6蛋白激酶1（S6K1）[20]。也就是说，这些蛋白质能形成肌肉。当它们受到负面影响时，抗阻训练对肌肉生长和发展力量和爆发力的效果会减弱。

众所周知，心血管耐力训练会干扰抗阻训练的结果。这种干扰为什么会发生呢？一个最合理的解释是，与每种训练类型（心血管耐力训练与抗阻训练）的代谢适应相关的分子信号机制在细胞水平上相互竞争。最值得注意的是，AMP活化的蛋白激酶（AMPK）的激活是调节细胞生长、能量和体内平衡的关键因素。它受到心血管耐力训练的影响[25]。AMP活化的蛋白激酶水平可通过二磷酸腺苷/三磷酸腺苷比值的增加来调节。在心血管耐力训练过程中，这一过程会自然发生[26]。二磷酸腺苷/三磷酸腺苷和AMP活化的蛋白激酶水平的变化可以改变基因表达，降低基质的利用率，进而影响细胞在同步训练中对抗阻训练的适应[25]。

其他的基质对蛋白质合成产生负面影响，并受到心血管训练的影响。一种特殊的基质，尤其是真核细胞延伸因子2（eEF2）在骑行训练中会立即增加[21]。这一点很重要，因为真核细胞延伸因子2的增加会抑制蛋白质合成，从而阻止肌肉生长、力量和爆发力的发展。在这项研究中，受试者在约67%最大摄氧量下骑行90分钟。每个研究对象在静止的状态下，以及运动1分钟、10分钟、30分钟、60分钟和90分钟后，分别进行肌肉活检。结果令人惊奇：在运动开始后的1分钟内，骑行使真核细胞延伸因子2水平增加了5~7倍，并在90分钟的运动过程中持续升高。这展现了在90分钟内同时进行心血管耐力训练和抗阻训练时，会对抗阻训练的结果产生负面影响。在进行心血管耐力训练期间，真核细胞延伸因子2的增加表明，如果改善增肌、提高力量和爆发力是主要训练目标，那么同步训练并不是最好的训练方式。

我们可以做一个合理的推测，心血管耐力训练会激活 AMP 活化的蛋白激酶并抑制真核细胞延伸因子 2，阻止训练后的蛋白质合成增加，从而对抗阻训练效果产生负面影响。同时进行心血管耐力训练和抗阻训练可激活拮抗分子变化或抑制蛋白质合成。其中任何一种情况发生都会减弱肌肉生长、力量和爆发力发展所需的合成代谢反应。

利用肌肉时钟来避免训练计划中的干扰

肌肉很聪明，可以识别不同的训练条件，如训练模式、频率、量和强度。然而，它们期望这些条件达到一致性。它们通过时间线索（已在第3章中讨论）并利用自己内部的肌肉时钟（已在第1章中讨论），来帮助它们找到一致性。肌肉时钟基于预定的训练计划，帮助肌肉找到一天中有关训练时间和训练类型的线索。肌肉从训练条件中寻找线索，通过触发与有氧耐力、肌肉大小、力量和爆发力相关的分子机制，来决定如何做出反应。

到目前为止，我们已发现抗阻训练和心血管耐力训练产生的肌肉变化是由不同的分子作用介导的。当训练混乱或设计不当时，肌肉也会混乱，不知道该触发哪种分子活动，分子活动关闭，训练的积极影响减少。这种情况下，与肌肉大小、力量和爆发力结果相关的肌肉变化最先受到负面影响。

坏消息是，同步训练似乎确实会阻碍肌肉生长、力量和爆发力的发展，而心血管和肌肉耐力相对不受影响。然而好消息是，研究结果显示，肌肉时钟会对结构均衡、系统的运动训练计划做出反应，并在反应中重新设置[27]。肌肉时钟的重置，意味着肌肉时钟和肌肉重新调整，以响应系统性运动，使肌肉在即将到来的训练前做出相应改变。

这些数据表明，心血管训练会干扰肌肉生长、力量和爆发力的发展。然而，作为所有运动和健身计划的重要组成部分，心血管训练通常采用同步训练模式，或以心血管耐力训练与抗阻训练相结合的方式进行，即便两种训练模式会在不同日期或同一天内相隔许多小时完成。

根据我们对肌肉的了解，当同时进行心血管训练和抗阻训练时，就会出现依赖于时间的竞争机制。另外，有关肌肉时钟的信息也表明，系统的运动规划策略有助于避免肌肉混乱和干扰，并减少心血管训练对抗阻训练效果的负面影响。

改善抗阻训练效果的心血管训练计划

心血管训练会干扰抗阻训练的效果。如前所述，当同步训练计划设计不当时，肌肉生长、力量和爆发力的发展都会受到阻碍；而经过深思熟虑或精心设计的训练计划可以减轻这些影响。

策略性训练计划对对抗同步训练中的肌肉混淆和干扰至关重要。在设计同步训练计划时，引入心血管训练，以避免肌肉力量和爆发力不足的关键在于如何在不同的训练阶段组织训练和设计训练计划。当设计一个心血管训练计划时，其中一个目标为避免肌肉力量和爆发力下降，教练应在训练计划中考虑以下主要因素：

- 心血管训练模式（如慢跑或骑行）；
- 心血管训练频率（多久进行一次）；
- 休息和恢复时长；
- 心血管训练强度；
- 心血管训练量（持续时间）。

心血管训练模式

如果首要目标是提高肌肉力量和爆发力，那么在设计同步训练计划中的心血管训练计划时，首先要考虑的是心血管训练模式。研究表明，跑步和抗阻训练的组合比骑行和抗阻训练的组合力量损失的程度更大[24]。因此，当提高力量和爆发力是首要训练目标时，建议将骑行纳入同步训练计划中，取消慢跑或跑步训练。

此外，另一项研究表明，长时间心血管耐力训练比短时间高强度耐力训练对肌肉量、力量和爆发力的负面影响更大[10]。因此，在设计同步训练计划时，推荐进行高强度间歇训练，而非持续有氧耐力训练，因为训练量似乎比训练强度对增肌、力量和爆发力的负面影响更大。

心血管训练频率

如果训练计划包括心血管耐力训练和抗阻训练目标，最好将两种运动模式分开，在不同日期轮流进行，以避免肌肉混乱和干扰。更重要的是，在心血管耐力训练和抗阻训练之间应留出足够的时间供肌肉恢复[7]。此外，建议将心血管耐力训练频率控制在每周3天以下，尽量减少其对增肌、力量和爆发力的负面影响[24]。

休息和恢复时长

众所周知，肌肉至少需要48小时才能在高强度抗阻训练后恢复过来，这一点已成为行业共识。至少有一项研究证明了肌肉休息期需要48小时[7]。研究人员收集了有关膝关节伸肌力矩的数据。这些数据显示，在不同日期进行高强度抗阻训练后的2天内，力矩（力量的旋转分量）和肌力生成能力都会降低。数据表明，进行高强度抗阻训练时，肌肉需要48小时才能完全恢复。在设计运动训练计划时，应考虑到这一点。

在进行高强度抗阻训练后，肌肉需要48小时才能恢复到基线水平。根据某项研究[13]，在与增强力量和爆发力相关的分子机制上，肌肉在心血管训练后至少需要3小时才能恢复正常；而另一项研究表明，分子机制需要将近6~24小时才能完全重置，以避免干扰[19]。两项研究的相同结论是：当进行心血管训练与抗阻训练的时间过于接近时，抗阻训练质量会受负面影响，增肌、力量和爆发力会受干扰。

心血管训练强度

另一个影响同步训练计划的重要研究结果是：肌肉力量和爆发力减弱的程度与心血管训练强度有直接联系[7]。具体而言，中等到高强度的心血管训练都会减弱抗阻训练效果。

因此，在制订训练计划时，建议降低心血管训练强度，以减弱对增肌、力量和爆发力的负面影响。然而，实际情况和训练目标会影响低强度心血管训练的效果。实际上，低强度心血管训练可能对肌肉力量和爆发力无负面影响，但也可能无益于实现训练的总体计划目标。以周期性频率进行中等到高强度的训练可能是有必要的。根据预期目标，心血管训练的具体强度应视个人情况而定。

心血管训练量

训练量指已完成的总运动量。运动量的重要性不言而喻，因为它可以影响肌肉混乱和干扰的分子机制[21]，尤其在起步期和持续时间较长的时间段，并对增肌、力量和爆发力结果产生不利影响。因此，设计训练计划时，建议心血管训练持续20~30分钟，以缓和训练量对力量增加的负面影响[24]。

计划总结

总之，使用以下计划指南设计一个同步训练计划，将主要目标设定为改善增肌、发展力量和爆发力。

- 用骑行代替跑步进行心血管训练。
- 采取高强度间歇训练代替持续训练。
- 在高强度训练后至少休息48小时。
- 在同一天进行相互竞争的运动模式训练时，两种运动之间的休息时间间隔3~6小时。
- 如果可能，在不同的日期交替进行心血管训练和抗阻训练。
- 将心血管训练限制在每周3次以下。
- 进行低强度心血管训练。
- 将心血管训练的时间限制在20~30分钟。

表9.1和表9.2提供了一些同步训练计划的案例。

表9.1　增强肌肉力量的心血管训练计划

日期	训练模式	强度（最大摄氧量）	持续时长
周日	休息		
周一	高强度间歇骑行训练	40%~75%	20~30分钟
周二	休息		
周三	高强度间歇骑行训练	40%~75%	20~30分钟
周四	休息		
周五	高强度间歇骑行训练	40%~75%	20~30分钟
周六	休息		

注：另一种可替代的模式是持续训练。然而，与高强度间歇训练相比，持续训练对肌肉力量的负面影响更严重。

表9.2　增强心血管适能的抗阻训练计划

训练	一天中进行抗阻训练的时间	频率（交替天数/周）	强度	训练量（组数×重复次数）	配对训练之间的休息时长
配对抗阻训练1	下午4~6点	3	65%~85%1RM	2~3×10~15	10~60秒
配对抗阻训练2	下午4~6点	3	65%~85%1RM	2~3×10~15	10~60秒
配对抗阻训练1	下午4~6点	3	65%~85%1RM	2~3×10~15	10~60秒
配对抗阻训练2	下午4~6点	3	65%~85%1RM	2~3×10~15	10~60秒
配对抗阻训练1	下午4~6点	3	65%~85%1RM	2~3×10~15	10~60秒
配对抗阻训练2	下午4~6点	3	65%~85%1RM	2~3×10~15	10~60秒

注：配对训练可以包括多关节或单关节训练，也可以包括传统的抗阻训练或低、中等、高强度的快速伸缩复合训练。

小结

同步训练指在一个长期训练计划中，使用多种训练模式来实现多元目标，通常包括增强心血管适能、改善增肌、力量和爆发力等。然而，以往和目前的数据继续揭示了这样一个事实：心血管训练和抗阻训练模式在分子水平上相互竞争。多个目标之间存在一个优先顺序，通常倾向于先增肌，后增强力量和爆发力，最后提升心血管适能。

虽然同步训练在运动训练、竞技体育以及精英健身领域的前景似乎不太乐观，但对此我们仍有一些解决方案，即根据新的研究结果和训练计划设计策略来避免肌肉混乱和干扰。是否需要将同步训练纳入训练计划中，取决于训练计划的目标、个人偏好以及对改善增肌、力量和爆发力目标是否坚持，而不仅仅是心血管训练目标。

第10章 | 利用肌肉时钟提高柔韧性

　　肌肉柔韧性既是肌肉时钟要寻找的时间线索，也是刺激肌肉力量和爆发力的主要因素。然而，由于肌肉需要一定程度的张力来产生力量，我们很难在保证肌肉力量和爆发力水平的同时，将柔韧性训练纳入同时进行的抗阻训练和柔韧性训练计划中。本章以提高肌肉力量和爆发力为主要训练目标，着重介绍如何设计抗阻训练和柔韧性训练的同步训练计划，并结合柔韧性训练，提高肌肉柔韧性和关节活动。

　　柔韧性是指肌肉和结缔组织在拉长时一边放松一边伸展的能力。由于人体骨骼肌纤维是纵向排列的，柔韧性训练的目的是将肌肉从起点拉长到止点、从一端拉长到另一端。

　　定期进行柔韧性训练有助于伸展肌肉，增加关节活动度，使关节能够进行最大幅度或最大角度的变化。活动度是由特定关节处的肌肉、肌腱和韧带柔韧性所决定的，受年龄、性别（女性的柔韧性通常比男性的柔韧性更好）、自身健康水平和活动类型等因素影响。肌肉柔韧性对抗阻训练效果有重要影响，肌肉柔韧性越高，其拉伸程度就越大，运动时关节活动度就越大。众所周知，在竞技体育中，关节活动度较大的训练产生的效果更佳，而关节活动度较小的训练并不一定能产生与功能性和运动性动作训练相同的效果。

柔韧性与肌肉表现

肌肉柔韧性和关节活动度对身体健康和运动表现至关重要。拉伸时，肌肉及其结缔组织、肌腱、韧带会受到力的作用，从而影响柔韧性和关节活动范围，并影响最终的肌肉表现。

与未经拉伸的肌肉相比，拉伸过的肌肉能够产生更大的力量和速度。因此，肌肉长度和柔韧性会直接影响肌肉表现。

肌肉组织的柔韧性也是肌肉时钟寻找的关键时间线索。肌肉柔韧性表现为肌肉时钟提供有价值的信息，包括一天中的时间段、训练模式，是抗阻训练还是柔韧性训练，为肌肉提供预期的时间线索，告诉肌肉接下来需要进行什么类型的训练、何时进行以及活动－休息周期。

拉伸类型

在众多拉伸类型中，有两种最基本的拉伸类型——自我拉伸和同伴辅助拉伸。尽管两种拉伸类型应用方式不同，但都能为肌肉时钟提供有关局部组织柔韧性的时间线索。

自我拉伸

自我拉伸可分为3种类型：静态（无运动）、动态（运动）和弹震式。和物理学一样，在拉伸时，可用静态和动态两个术语描述物体的状态——静止（静态）或运动（动态）。想象一个静态系统，即一个运动状态不发生任何改变的系统：当运动员做静态拉伸时，他们把肌肉放在一个拉伸的位置并保持同一姿势。换句话说，在静态拉伸过程中，肌肉保持在一个位置不动。

然而，在动态系统中，运动员以一种可控的方式改变身体姿势。在一切运动过程中，无论是走路、进行抗阻训练还是进行动态拉伸时，人体都是一个动态系统，始终处于活动状态。动态系统会受到身体姿势的影响，并频繁变化。在运动前，通常需要进行有节奏的轻度热身运动，如动态拉伸。动态拉伸的示例比比皆是，包括从膝盖到胸部的运动以及各种常见的运动形式，如太极拳和流瑜伽。传统的观点建议在运动前进行动态拉伸，是因为肌肉和结缔组织的柔韧性较差，受损伤的风险较高。

最后，我们必须提到另外一种拉伸类型——弹震式拉伸。弹震式拉伸和弹踢式运动一样，以有力的弹踢、跳跃或猛拉为动作特征。虽然运动员在拉伸运动中经常进行弹跳，但建议应尽量避免进行这种类型的拉伸运动，因为肌肉和结缔组织在进行高强度的弹跳时极易受损。

同伴辅助拉伸和本体感受神经肌肉促进法（PNF）拉伸

同伴辅助拉伸在竞技体育运动中十分普遍。与自我拉伸不同的是，同伴会利用自己的身体来牵引运动员的身体。同伴辅助拉伸比自我拉伸的幅度更大，因为这时除了运动员可以进行自我拉伸外，同伴可以利用自身体重对其施加更多的力。然而，也正是因为这个原因，受力更多容易造成损伤，因此同伴辅助拉伸必须谨慎进行，且拉伸的时候彼此要有良好的沟通。如果方法得当，由于受力角度更加贴合运动员身体，同伴辅助拉伸会比自我拉伸更为有效。在同伴辅助拉伸时，同伴向运动员施加推力（在某些情况下施加拉力），以改变关节位置，拉伸肌肉使其延长，并提高组织柔韧性。然而，为了将同伴辅助拉伸过程中的风险降至最低，同伴必须采取得当的拉伸方式，利用自身体重谨慎地向运动员施加推力或拉力，并监控运动员拉伸受力的分布情况。

值得一提的是，还有其他一些辅助拉伸手段无须同伴协助也可以进行，包括在静态拉伸过程中的辅助手段，如在台阶边缘或使用拉伸带或绷带进行的小腿肌肉拉伸。

本体感觉神经肌肉促进法是受到广泛认可的同伴辅助拉伸方法之一，拉伸时需遵循以下5个步骤。

1. 拉伸目标肌肉。
2. 将目标肌肉等长收缩（无关节运动）5~6秒以克服阻力（通常由体能教练、教练或不可移动的物体作为阻力），其目的是抑制肌肉或肌群的收缩运动。（注意：不要用力过猛。切记，肌梭反射会起作用，肌肉会弹回。更糟糕的是，这一过程可能会发生严重的肌肉和关节损伤。）
3. 再次拉伸肌肉20~30秒。
4. 随后休息30秒。
5. 重复以上步骤2~4次。

为了使本体感觉神经肌肉促进法的操作过程可视化，我们可以将其想象成一个绳索系统，也可引入人们所熟知的抗阻训练其中的主动肌-拮抗肌或功能相反的肌肉的概念

（如肱三头肌和肱二头肌）。在拉伸和抗阻训练期间，主动肌与拮抗肌有相同的工作原理。例如，在抗阻训练中，当肱二头肌收缩时，肱三头肌放松，而当肱二头肌放松时，肱三头肌收缩。另外，当髋屈肌拉长时，下背部肌肉缩短，反之亦然。

重要的是要记住，身体以相反的方式使用肌肉。这一概念的关键之处是，当拉伸一块肌肉时，与其功能相反的肌肉也会参与其中，我们必须考虑到这一点。一个最佳的做法是先拉伸目标肌肉，然后拉伸与其功能相反的肌肉。这种互补的动作使目标肌肉收缩范围变得更大。这一过程能够发生，依赖于两个关键的身体结构：高尔基腱器官和肌梭。

高尔基腱器官

为了确保动作无误，本体感觉神经肌肉促进法依赖于高尔基腱器官（GTO）的反应来实施。高尔基腱器官是位于肌腱中的一个感受器，可以探测到极限运动范围。作为一种内在的防御机制，它可防止肌肉或关节被过度拉伸。一旦处于拉伸姿势，肌肉就会收缩，从而刺激高尔基腱器官，使肌肉放松。接下来，身体或肢体另一侧被拉伸的肌肉（拮抗肌）放松，目标肌肉或肌群运动增加。进一步分析表明，当高尔基腱器官在拉伸过程中被激活时，会通过传入（感觉）神经向大脑发送一个信号，从而引发大脑中的一系列变化，最后大脑通过传出（运动）神经向同一肌肉发出一道指令，使肌肉放松。高尔基腱器官基本上终止了自身肌肉收缩，而使其拉长。这一过程被称为自体抑制，使目标肌肉拉伸更多一点，并最终改善局部组织的柔韧性。

肌梭

本体感觉神经肌肉促进法拉伸过程中发生的另一件事是相互抑制（RI），由肌梭控制。肌梭是与肌纤维平行的微小感受器，可以感受肌肉长度的变化。当肌梭被激活时，目标肌肉的纺锤体通过传入神经向大脑发送信号，大脑通过传出神经向纺锤体发送信号，引起牵张反射。这种牵张反射会放松相对的肌肉。当相对的肌肉放松时，牵张反射使目标肌肉处于拉伸状态。倘若拉伸过度，大脑会向肌肉发出一个信号，让肌肉进行收缩和弹回的防御动作。由于肌腱和韧带的柔韧性较肌肉的柔韧性差，且肌肉本身对过度拉伸有防御作用，所以拉伸时应尽量谨慎并集中注意力。

肌梭能够激活离心训练阶段使用的牵张反射，特别是快速伸缩复合训练，以增加肌肉力量输出。这个过程是一个很好的例子，说明了有关肌肉长度的本体感觉线索是如何传递到肌肉时钟的，从而帮助肌肉确定应何时进行训练，并预测接下来应进行何种类型的训练。

肌肉柔韧性是一个时间线索

　　肌肉柔韧性变化的循环周期为24小时。同时，肌肉柔韧性的变化可以作为一种信号线索，帮助肌肉时钟确定一天中的时间以及预期训练与休息的比例。组织柔韧性是衡量肌肉自然弹性的指标之一，运动员的组织柔韧性从早到晚会发生较大变化。根据一整天的体温变化来判断，肌肉组织柔韧性在早晨时最差。随着时间的推移，肌肉的自然弹性增加，在下午4~6点达到峰值，此时肌肉柔韧性最高，拉伸效果最好。因此，肌肉力量和爆发力表现在傍晚左右达到最佳。局部组织柔韧性的变化也与一天中的时间有重要关系，因为这些变化表明，肌肉可以监控自己的自然周期，并在主时钟之外设置自己独立的节奏。

　　一天中肌肉柔韧性最好的时间是肌肉时钟的一个重要时间线索，也是改善肌肉表现的因素之一，因为肌肉在刚好超过静息长度，或在关节角度约为110°时产生最大力量，被轻度拉伸的肌肉可以产生最大程度的力量和爆发力。因此，任何有关传递到肌肉时钟的肌肉柔韧性线索都将改善肌肉表现。

一天中的时间

　　到目前为止，人体体内所有的内部生物钟，包括肌肉时钟，都是以24小时为循环周期的。同样，显而易见的是，所有的生物钟都结合外部和内部两种线索来确定一天中的时间，并根据一天中的时间和预期局部组织的活动来协调特定组织的活动。对肌肉时钟来说，一天中计划运动的时间是一个重要的夹带线索。就柔韧性训练而言，肌肉柔韧性可以提示肌肉时钟识别一天中的时间，并使肌肉在训练之前做出预期调整。将训练安排在每天的固定时间段，并坚持数周或数月，有助于肌肉时钟设定一个循环周期为24小时的内部节律，并协调骨骼肌组织，以进行预期的抗阻训练。

　　肌肉在温暖宜人的温度下柔韧性最好。柔韧性训练，特别是静态拉伸和所有同伴辅助拉伸，应该在运动后，或至少在轻度到中度的热身运动后进行。因为体温在下午

4~6点达到峰值，这意味着在那个时候肌肉最容易伸展，这也是肌肉最强壮的时候，有助于进行本体感觉神经肌肉促进法拉伸。这解释了为什么许多运动员在下午4~6点进行抗阻训练。虽然在这段时间内进行训练并非对每位运动员来讲都可行，但理解这一概念很重要。在经过一天的运动之后，运动员的身体柔韧性相比刚睡醒时有了显著的改善。

明-暗相位

在设置和重置生物钟和生物节律方面，光是最受认可的时间线索。它是主时钟最为重要的时间线索或生理节律标志。主时钟直接感应到光信号输入，在此基础上直接向外周时钟发送昼夜变化信号。

尽管光是被研究最多的线索以及被广泛认可的设置生物钟的方法，但科学家现在才真正了解到生物钟如何对各种时间线索做出反应，设置和重置其24小时的循环周期，以响应多种持续传递的线索。在外周时钟中，包括肌肉时钟，光和各种其他线索（如肌肉在一天中的柔韧性变化）能够帮助肌肉时钟识别一天中的时间，并预测接下来的柔韧性训练。

活动-休息模式

活动-休息模式由循环周期为24小时的明-暗相位决定。人在白天往往更为活跃，这直接反映为人体形成了与明-暗模式相一致的生理节律。

然而，正如第1章所讨论的，活动-休息模式可能因个人生理时钟而异。一个人的生理时钟可描述为早晨型、中午型或夜晚型。除此之外，社会因素也会影响活动-休息模式，如运动训练和计划时间表。有文献表明，肌肉时钟会根据局部肌肉组织行为而变化[8]。如果我们定期进行柔韧性训练并留意肌肉柔韧性在日常时间里的变化，就能够更好地按照运动训练以及计划安排来重置肌肉时钟。

不管你的时间类型是什么，主时钟都能感知明-暗相位并每天准时工作，使身体保持在24小时的循环周期。在大部分情况下，大多数人的活动-休息模式由人体所有内部时钟（包括肌肉时钟）与明-暗周期相协调。大多数人在早晨天亮时自然醒来，此时，组织柔韧性最差。随着时间的推移，人体体温升高，肌肉柔韧性增强，为运动训练和计划做好了准备，如柔韧性训练和离心训练。

肌肉长度

　　上文中，我们详细讨论了一天中的时间、体温、肌肉长度和柔韧性之间的关系。然而，值得再次强调的是，肌肉柔韧性一整天都在发生变化。这一信号线索能够帮助肌肉时钟确定一天中的时间以及何时运动或恢复。

力量和爆发力的刺激因素

　　拉伸肌肉可以刺激力量和爆发力发展。例如，快速伸缩复合训练是一种爆发式运动。它包括跳跃和一系列快速动作，如在卧推时将杠铃杆快速地推起，或在蹲起或弓步时配合跳跃。这些离心动作利用肌肉中的牵张反射来产生力量。快速伸缩复合训练可被视为一种时间线索，因为在进行与肌肉拉伸相类似的离心或拉长动作时，该类型的训练会借助肌肉产生一定的力量。拉伸过程中，肌肉受到刺激，进而触发与增肌、力量和爆发力相关的机制。肌肉长度也与力量表现有关，因为肌肉在关节角度为 110° 左右时产生最大力量。因此，进行柔韧性训练时，柔韧性和肌肉拉长能力有助于引发肌肉相关反应，从而改善增肌，增强肌肉力量，并在运动时获得最佳长度以及表现水平。最后需要注意的是，与向心动作相比，离心动作更能引起人体生长激素的释放[4]。

恢复辅助

　　休息和恢复之间的区别是至关重要的。休息是运动员运动后需要做的事情，也是赛程的一部分。而恢复发生在运动时以及运动结束后。

　　恢复是主动的。在训练期间主动恢复可通过在两组训练之间走动或动态拉伸来进行，使肌肉、结缔组织、神经系统和其他支持系统（如心脏）为下组训练做好准备。恢复对整个训练过程有积极影响，是训练不可或缺的一部分。训练结束后恢复则更为重要。在此期间，肌肉得以重塑并变得更加强壮。在训练中，高强度训练会使肌肉分解或降解；但在训练后，肌肉恢复，进行重塑或合成代谢。在恢复时，无论是重塑还是合成代谢，都会使肌肉主动发生诸多变化。

　　另外，休息是训练和计划时间表的重要组成部分。记住，肌肉时钟和肌肉学会了预测休息–活动周期。随着时间的推移，它们会在训练前重新启动与增肌、增强力量和爆发力表现相关的生理机制。

柔韧性计划

目前流行的观点是，静态拉伸会降低肌肉表现。在有关静态拉伸对肌肉表现影响作用的文献综述中，研究人员发现，静态拉伸可以降低最大肌肉力量、爆发力和速度[6]。但是，静态拉伸对肌肉表现的影响取决于每次拉伸的持续时间。短时急性静态拉伸持续时间通常在30秒以下，并不会导致肌肉表现大幅下降。当每次静态拉伸持续时间为30~45秒时，肌肉力量会降低，而肌肉爆发力不受影响。最后，如果每次静态拉伸持续时间在60秒及以上，会降低力量、爆发力和速度相关技能的最佳表现。综上所述，我们可以得出结论：比赛前的静态拉伸时间越长，肌肉表现的各个方面受到的负面影响就越多[6]。

与上述研究[6]相反的是，阿夫洛尼蒂及其同事[2]指出：实际上，当每次拉伸时间少于30秒时，静态拉伸可以提高速度表现水平；而拉伸时间更长时，静态拉伸对速度或敏捷性无任何负面或正面影响。显然，我们可以得出这样的信息：拉伸时长作为影响拉伸效果的关键因素，还有待进一步研究和讨论。

阿夫洛尼蒂及其同事的研究表明，运动前进行短时（30秒以下）静态拉伸可以提高速度和敏捷表现水平，但这仅对中级运动员有效[3]。归根结底，时间和运动水平决定了静态拉伸对肌肉表现的影响。热身时是否需要进行静态拉伸，应视具体情况而定。倘若的确需要进行热身，则每次静态拉伸时间应保持在30秒以下，以避免肌肉表现下降。

研究表明，动态拉伸可以有效改善肌肉表现。其中，一项研究结果显示，运动前的动态热身，包括动态拉伸，会增加股四头肌的力量，这是提高速度水平的一个关键因素[1]。

在训练和比赛前究竟需要进行静态拉伸还是动态拉伸？这是一个很棘手的问题。一项关于拉伸和运动表现的综合研究表明，建议在运动前进行动态拉伸，运动后实施本体感觉神经肌肉促进法拉伸和静态拉伸[5]。目前的建议是，无论在比赛前或训练前实施本体感觉神经肌肉促进法拉伸或静态拉伸，都应保证至少5分钟的休息时间，包括动态拉伸。这样做的目的是让肌肉恢复运动前静态拉伸时失去的部分收缩性能。

每次拉伸时间超过30秒的静态拉伸最适合在训练和比赛后进行。动态热身，包括动态拉伸，则适合在训练和比赛前进行。如果在训练和比赛前完全采用静态拉伸，则每次拉伸的持续时间应少于30秒，并在静态拉伸结束后进行至少5分钟的动态拉伸或动态热身运动。

拉伸模式

如前所述，不同类型的拉伸会对肌肉表现产生不同的结果。它们还为肌肉时钟提供关于肌肉、肌腱和韧带状况的不同线索。

静态拉伸

在静态拉伸中，每次拉伸时身体会保持同一位置和姿势。做静态拉伸时，运动员会拉伸肌肉到某一位置并保持不动，使肌肉长度暂时发生变化，影响肌肉的收缩性能。建议在运动后进行静态拉伸，其可以为肌肉时钟提供有关一天中训练时间的时间线索。

动态拉伸

与静态系统相反，动态系统以可控的方式改变身体姿势。在运动过程中，无论是散步还是动态拉伸，人体都是一个动态系统。一个动态的系统会受到位置变化的影响，其自身也会频繁发生变化。在运动前，通常进行节奏性或轻度热身形式的动态拉伸。动态拉伸为肌肉时钟提供一天中运动时间和运动模式的信息。训练开始之前，建议进行动态拉伸，因为肌肉时钟可从中获取与训练类型以及训练的日常时间相联系的重要信息。

训练或比赛时的拉伸时间

传统观点认为，在运动前不宜进行静态拉伸，因为当肌肉和结缔组织柔韧性欠佳时，就会加大受伤的风险。相反，阿夫洛尼蒂及其同事[2]发现：实际上，每次拉伸时间在30秒以下时，静态拉伸可以提高速度表现水平；在拉伸时间更长时，静态拉伸对速度和敏捷性无负面或正面影响。但是，建议在静态拉伸和正式运动之间间隔至少5分钟。

虽然关于静态拉伸对肌肉表现的积极影响的争论还在继续，但已有研究表明，动态拉伸有利于提高肌肉表现。一项研究[1]表明，动态热身，包括动态拉伸，可以增加股四头肌的力量，这是先于肌肉表现的，提高速度的关键因素。

持续时间

单次静态拉伸的持续时间如果超过30秒，极适合在训练和比赛后进行。此时，也建议实施本体感觉神经肌肉促进法进行拉伸。动态热身，包括动态拉伸，则最好在比赛和训练前进行。同样，如果在比赛或运动前完全采用静态方式进行拉伸，则每次拉伸的持续时间应短于30秒，并在静态拉伸结束后至少进行5分钟的动态热身或动态拉伸。

运动量

运动量是指训练过程中运动的总量。例如，跑步时的运动量可以表示为跑步所用的时间或跑步的距离。拉伸时，运动量可以用拉伸次数和保持拉伸动作的总时长来表示。目前，我们建议每天对身体所有主要肌群进行5~10分钟的拉伸[6]。但是，在给出具体建议时，应结合不同的体能水平、训练目标和专项训练的需求予以考虑。

频率

训练频率指某段时间内训练的次数，通常反映为每周训练的天数，也可以是在24小时内完成一次及以上的训练次数，亦可将其表示为当天所完成的训练次数。通常，在每次训练前和训练后，一定程度上需要结合自我拉伸或同伴辅助拉伸进行柔韧性训练，确保拉伸频率使柔韧性训练成为运动训练计划中用于重置肌肉时钟的有力工具。因为肌肉时钟在每24小时的循环周期内，会密切监控训练的频率和时间安排，以预测并设定一个常规时间表，提供一个常规的日程线索，如肌肉拉伸等。肌肉会将拉伸视作一种力量刺激因素，以帮助自己重置肌肉时钟，并使肌肉时钟能够精准地预测。

就提高柔韧性而言，应如何设定不同类型拉伸的频率和训练时间？答案不一。学术界很少有对采用何种拉伸频率才能取得最佳效果的研究。一项研究表明，如果每周做5天拉伸运动，至少6周后才能看到柔韧性的改善[7]。但在某些训练环境中，采取这种频率可能有点不切实际。因此，当前的建议是，如情况允许，应将拉伸纳入每节训练课中，并鼓励运动员单独进行拉伸。

表10.1提供了在发展肌肉力量和爆发力的同步训练方案中关于静态拉伸和柔韧性训练的计划示例。

表10.1 在肌肉力量和爆发力的同步训练方案中柔韧性训练的计划

日期	拉伸类型	比赛或训练前拉伸持续时长	比赛或训练与拉伸之间的休息时长	比赛或训练后拉伸持续时长
周日	静态	30秒以下	5分钟	30秒及以上
周一	静态	30秒以下	5分钟	30秒及以上
周二	静态	30秒以下	5分钟	30秒及以上
周三	静态	30秒以下	5分钟	30秒及以上
周四	静态	30秒以下	5分钟	30秒及以上
周五	静态	30秒以下	5分钟	30秒及以上
周六	静态	30秒以下	5分钟	30秒及以上

注：以上计划同样适用于每天进行两次训练的情况。

计划总结

　　下面的柔韧性训练计划总结的目标是为了在训练和比赛中达到最佳的肌肉表现，特别是肌肉力量和爆发力目标，而非一般的柔韧性目标。

- 训练或比赛前，静态拉伸时间应少于30秒。
- 如果在训练或比赛前进行静态拉伸，在拉伸和正式运动之间至少进行5分钟的动态拉伸。
- 一般情况下，训练和比赛前应进行动态拉伸。
- 在训练或比赛后，应进行静态拉伸，每次拉伸时间持续30秒以上。

小结

在柔韧性训练中，肌肉和结缔组织都会受到力的作用。也就是说肌肉主体、肌腱和支撑韧带都会受到拉伸的影响，并可能受到拉伸引起的肌肉收缩的干扰。然而，肌肉拉伸是一种强有力的刺激因素，肌肉局部组织的柔韧性是肌肉时钟收到的重要时间线索，使肌肉时钟能够预测一天中的时间和预期的训练时间。

参考文献

第1章

[1] Andrews JL, Zhang X, McCarthy JJ, et al. CLOCK and BMAL1 regulate MyoD and are necessary for maintenance of skeletal muscle phenotype and function. *Proc Natl Acad Sci U S A*. 2010; 107: 19090-19095.

[2] Barger LK, Wright KP, Hughes RJ, Czeisler CA. Daily exercise facilitates phase delays of circadian melatonin rhythm in very dim light. *Am J Physiol Regul Integr Comp Physiol*. 2004; 286(6): R1077-R1084.

[3] Bunger MK, Walisser JA, Sullivan R, et al. Progressive arthropathy in mice with a targeted disruption of the Mop3/Bmal-1 locus. *Genesis*. 2005; 41: 122-132.

[4] Chatterjee S, Yin H, Nam D, Li Y, Ma K. Brain and muscle Arntlike 1 promotes skeletal muscle regeneration through satellite cell expansion. *Exp Cell Res*. 2015; 331: 200-210.

[5] Chauhan R, Chen KF, Kent BA, Crowther DC. Central and peripheral circadian clocks and their role in Alzheimer's disease. *Dis Model Mech*. 2017; 10(10): 1187-1199.

[6] Dibner C, Schibler U, Albrecht U. The mammalian circadian timing system: organization and coordination of central and peripheral clocks. *Ann Rev Physiol*. 2010; 72: 517-549.

[7] Dudek M, Meng QJ. Running on time: the role of circadian clocks in the musculo-skeletal system. *Biochem J*. 2014; 463(1): 1-8.

[8] Dyar KA, Ciciliot S, Tagliazucchi GM, et al. The calcineurin-NFAT pathway controls activity-dependent circadian gene expression in slow skeletal muscle. *Mol Metab*. 2015; 4: 823-833.

[9] Edgar D, Dement W. Regularly scheduled voluntary exercise synchronizes the mouse circadian clock. *Am J Physiol*. 1991; 261: R928-R33.

[10] Facer-Childs E, Brandstaetter R. The impact of circadian phenotype and time since awakening on diurnal performance in athletes. *Curr Biol*. 2015; 25: 518-522.

[11] Kondratov RV, Kondratova AA, Gorbacheva VY, Vykhovanets OV, Antoch MP. Early aging and age-related pathologies in mice deficient in BMAL1, the core component of the circadian clock. *Genes Dev*. 2006; 20: 1868-1873.

[12] Marcheva B, Moynihan Ramsey K, Buhr ED. Disruption of the clock components CLOCK and BMAL1 leads to hypoinsulinemia and diabetes. *Nature*. 2010; 466: 627–631.

[13] McCarthy JJ, Andrews JL, McDearmon EL, et al. Identification of the circadian trans-criptome in adult mouse skeletal muscle. *Physiol Genomics*. 2007; 31: 86–95.

[14] Miller BH, McDearmon EL, Panda S, et al. Circadian and CLOCK-controlled regulation of the mouse transcriptome and cell proliferation. *Proc Natl Acad Sci U S A*. 2007; 104: 3342–3347.

[15] Murphy BA, Wagner AL, McGlynn OF, Kharazyan F, Browne JA, Elliott JA. Exercise influences circadian gene expression in equine skeletal muscle. *Vet*. 2014; 201: 39–45.

[16] Pedersen L, Hojman P. Muscle-to-organ cross talk mediated by myokines. *Adipocyte*. 2012; 1: 164–167.

[17] Reeds PJ, Palmer RM, Hay SM, McMillan DN. Protein synthesis in skeletal muscle measured at different times during a 24 hour period. *Biosci Rep*. 1986; 6: 209–213.

[18] Roenneberg T, Merrow M. Circadian clocks: the fall and rise of physiology. *Nat Rev Mol Cell Biol*. 2005; 6: 965–971.

[19] Samsa WE, Vasanji A, Midura RJ, Kondratov RV. Deficiency of circadian clock protein BMAL1 in mice results in a low bone mass phenotype. *Bone*. 2016; 84: 194–203.

[20] Schroder EA, Esser KA. Circadian rhythms, skeletal muscle molecular clocks and exercise. *Exerc Sport Sci Rev*. 2013; 41(4): 224–229.

[21] Schroeder AM, Truong D, Loh DH, Jordan MC, Roos KP, Colwell CS. Voluntary scheduled exercise alters diurnal rhythms of behaviour, physiology and gene expression in wild-type and vasoactive intestinal peptide-deficient mice. *J Physiol*. 2012; 590(23): 6213–6226.

[22] Sedliak M, Finni T, Cheng S, Lind M, Häkkinen K. Effect of time-of-day-specific strength training on muscular hypertrophy in men. *J Strength Cond Res*. 2009; 23: 2451–2457.

[23] Souissi H, Chtourou H, Chaouachi A, et al. The effect of training at a specific time-of-day on the diurnal variations of short-term exercise performances in 10- to 11-year-old boys. *Pediatr Exerc Sci*. 2012; 24: 84–99.

[24] Stephan FK, Zucker I. Circadian rhythms in drinking behavior and locomotor activity of rats are eliminated by hypothalamic lesions. *Proc Natl Acad Sci U S A*. 1972; 69: 1583–1586.

[25] Takahashi JS, Hong HK, Ko CH, McDearmon EL. The genetics of mammalian

circadian order and disorder: implications for physiology and disease. *Nat Rev Genet.* 2008; 9: 764-775.

[26] Wolff G, Esser KA. Scheduled exercise phase shifts the circadian clock in skeletal muscle. *Med Sci Sports Exerc.* 2012; 44(9): 1663-1670.

[27] Zambon A, McDearmon E, Salomonis N, et al.(2003). Time and exercise-dependent gene regulation in human skeletal muscle. *Genome Biol.* 2003; 4(10): R61.

[28] Zhang X, Dube TJ, Esser K A. Working around the clock: circadian rhythms and skeletal muscle. *J Appl Physiol.* 2009; 107: 1647-1654.

[29] Zylka MJ, Shearman LP, Weaver DR, Reppert SM. Three period homologs in mammals: differential light responses in the suprachiasmatic circadian clock and oscillating transcripts outside of brain. *Neuron.* 2009; 20: 1103-1110.

第2章

[1] Beck TW, DeFreitas JM, Stock MS. The effects of a resistance training program on average motor unit firing rates. *Clin Kinesiol.* 2011; 65(1): 1-8.

[2] Carter J, Greenwood M. Complex training reexamined: review and recommendations to improve strength and power. *Strength Cond J.* 2014; 36(2): 11-19.

[3] de Souza EO, Tricoli V, Franchini E, Paulo AC, Regazzini M, Ugrinowitsch C. Acute effect of two aerobic exercise modes on maximum strength and strength endurance. *J Strength Cond Res.* 2007; 21: 1286-1290.

[4] Docherty D, Sporer B. A proposed model for examining the interference phenomenon between concurrent aerobic and strength training. *Sports Med.* 2000; 30(6): 385-394.

[5] Doma K, Deakin G. The cumulative effects of strength and endurance training sessions on muscle force generation capacity over four days. *J Aust Strength Cond.* 2013; 21(suppl 1): 34-38.

[6] Fyfe JJ, Bartlett JD, Hanson ED, Stepto NK, Bishop DJ. Endurance training intensity does not mediate interference to maximal lower-body strength gain during short-term concurrent training. *Front Physiol.* 2016; 7: 1-16.

[7] Fyfe JJ, Bishop DJ, Stepto NK. Interference between concurrent resistance and endurance exercise: molecular bases and the role of individual training variables. *Sports Med.* 2014; 44(6): 743-762.

[8] Gomes KG, Franco CM, Nunes PRP, Orsatti FL. High-frequency resistance training is not more effective than low-frequency resistance training in increasing muscle mass and strength in well-trained men. *J Strength Cond Res.* 2018; 1: 10.

[9] Gupta L, Morgan K, Gilchrist S. Does elite sport degrade sleep quality? A systematic

review. *Sports Med*. 2017; 47(7): 1317-1333.

[10] Hakkinen K, Alen M, Kraemer WJ, et al. Neuromuscular adaptations during concurrent strength and endurance training versus strength training. *Eur J Appl Physiol*. 2003; 89: 42-52.

[11] Hickson RC. Interference of strength development by simultaneously training for strength and endurance. *Eur J Appl Physiol Occup Physiol*. 1980; 45: 255-263.

[12] Jones TW, Howatson G, Russell M, French DN. Effects of strength and endurance exercise order on endocrine responses to concurrent training. *Eur J Sport Sci*. 2017; 17(3): 326-334.

[13] Kikuchi N, Yoshida S, Okuyama M, Nakazato K. The effect of high-intensity interval cycling sprints subsequent to arm-curl exercise on upper-body muscle strength and hypertrophy. *J Strength Cond Res*. 2016; 30(8): 2318-2323.

[14] Losnegard T, Mikkelsen K, Ronnestad BR, Hallen J, Rud B, Raastad T. The effect of heavy strength training on muscle mass and physical performance in elite cross country skiers. *Scand J Med Sci Sports*. 2011; 21(3): 389-401.

[15] Mikkola J, Rusko H, Izquierdo M, Gorostiaga EM, Hakkinen K. Neuromuscular and cardiovascular adaptations during concurrent strength and endurance training in untrained men. *Int J Sports Med*. 2012; 33: 702-710.

[16] Mirghani SJ, Alinejad HA, Azarbayjani MA, Mazidi A. Influence of strength, endurance and concurrent training on the lipid profile and blood testosterone and cortisol response in young male wrestlers. *Baltic J Health Phys Act*. 2014; 6(3): 7-16.

[17] Murach KA, Bagley JA. Skeletal muscle hypertrophy with concurrent exercise training: contrary evidence for an interference effect. *Sports Med*. 2016; 46(8): 1029-1039.

[18] Petré H, Löfving P, Psilander N. The effect of two different concurrent training programs on strength and power gains in highly-trained individuals. *J Sports Sci Med*. 2018; 17: 167-173.

[19] Robineau J, Babault N, Piscione J, Lacome M, Bigard AX. The specific training effects of concurrent aerobic and strength exercises depends upon recovery duration. *J Strength Cond Res*. 2016; 30(3): 672-683.

[20] Wilson JM, Marin PJ, Rhea MR, Wilson SM, Loenneke JP, Anderson JC. Concurrent training: a meta-analysis examining interference of aerobic and resistance exercises. *J Strength Cond Res*. 2012; 26(8): 2293-2307.

第3章

[1] Andrada RT, Maynar M, Muñoz D, Maríno JIM. Variations in urine excretion of steroid hormones after an acute session and after a 4-week programme of strength training. *Eur J Appl Physiol*. 2007; 99: 65.

[2] Calixto R, Verlengia, R, Crisp A, et al. Acute effects of movement velocity on blood lactate and growth hormone responses after eccentric bench press exercise in resistancetrained men. *Biol Sport*. 2015; 31(4): 289-294.

[3] Crewther B, Keogh J, Cronin J, Cook C. Possible stimuli for strength and power adaptation: acute hormonal responses. *Sports Med*. 2006; 36(3): 215-238.

[4] Dibner C, Schibler U, Albrecht U. The mammalian circadian timing system: organization and coordination of central and peripheral clocks. *Ann Rev Physiol*. 2007; 72: 517-549.

[5] Dudek M, Meng QJ. Running on time: the role of circadian clocks in the musculoskeletal system. *Biochem J*. 2014; 463(1): 1-8.

[6] Duffy JF, Wright KP. Entrainment of the human circadian system by light. *J Biol Rhythms*. 2005; 20: 326-338.

[7] Godfrey RJ, Madgwick Z, Whyte G. The exercise-induced growth hormone response in athletes. *Sports Med*. 2003; 33: 599-613.

[8] Jakob LV, Kraemer WJ, Ratamess NA, Anderson JM, Volek JS, Maresh CM. Testosterone physiology in resistance exercise and training: the up-stream regulatory elements. *Sports Med*. 2010; 40(12): 1037-1053.

[9] Jones TW, Howatson G, Russell M, French DN. Effects of strength and endurance exercise order on endocrine responses to concurrent training. *Eur J Sports Sci*. 2017; 17(3): 326-334.

[10] Mayeuf-Louchart A, Staels B, Duez H. Skeletal muscle functions around the clock. *Diabetes Obes Metab*. 2015; 17(suppl 1): 39-46.

[11] Murach KA, Bagley JA. Skeletal muscle hypertrophy with concurrent exercise training: contrary evidence for an interference effect. *Sports Med*. 2016; 46(8): 1029-1039.

[12] Oliver JM, Jagim AR, Sanchez AC, et al. Greater gains in strength and power with intraset rest intervals in hypertrophic training. *J Strength Cond Res*. 2013; 27(11): 3116-3131.

[13] Roenneberg T., Merrow M. Circadian clocks: the fall and rise of physiology. *Nat Rev Mol Cell Biol*. 2005; 6: 965-971.

[14] Sasaki H, Hattori Y, Ikeda Y, et al. Forced rather than voluntary exercise entrains

peripheral clocks via a corticosterone/noradrenaline increase in PER2: : LUC mice. *Sci Rep*. 2016; 6: 27607.

[15] Sasaki H, Ohtsu T, Ikeda Y, Tsubosaka M, Shibata S. Combination of meal and exercise timing with a high-fat diet influences energy expenditure and obesity in mice. *Chronobiol Int*. 2014; 31: 959-975.

[16] Skeldon AC, Phillips AJ, Dijk DJ. The effects of self-selected light-dark cycles and social constraints on human sleep and circadian timing: a modeling approach. *Sci Rep*. 2017; 7: 45158.

[17] Smilios I, Theophilos P, Karamouzis M, Parlavantzas A, Tokmakidis S. Hormonal responses after a strength endurance resistance exercise protocol in young and elderly males. *Int J Sports Med*. 2007; 28: 401-409.

[18] Takahashi JS, Hong HK, Ko CH, McDearmon EL. The genetics of mammalian circadian order and disorder: implications for physiology and disease. *Nat Rev Genet*. 2008; 9: 764-775.

[19] Wilson JM, Marin PJ, Rhea MR, Wilson SM, Loenneke JP, Anderson JC. Concurrent training: a meta-analysis examining interference of aerobic and resistance exercises. *J Strength Cond Res*. 2012; 26(8): 2293-2307.

第4章

[1] Carter J, Greenwood M. Complex training reexamined: review and recommendations to improve strength and power. *Strength Cond J*. 2014; 36(2): 11-19.

[2] Slater L, Hart J. Muscle activation patterns during different squat techniques. *J Strength Cond Res*. 2016; 31(1): 667-676.

第5章

[1] Antle M, Silver R. Neural basis of timing and anticipatory behaviors. *Eur J Neurosci*. 2009; 30: 1643-1649.

[2] Mayeuf-Louchart A, Staels B, and Duez H. Skeletal muscle functions around the clock. *Diabetes Obes Metab*. 2015; 17(suppl 1): 39-46.

[3] Norrie ML. Effects of movement complexity on choice reaction and movement times. *Res Q*. 1974; 45(2): 154-161.

[4] Oliver JM, Jagim AR, Sanchez AC, et al. Greater gains in strength and power with intraset rest intervals in hypertrophic training. *J Strength Cond Res*. 2013; 27(11): 3116-3131.

[5] Stöckel T, Wunsch K, Hughes CML. Age-related decline in anticipatory motor

planning and its relation to cognitive and motor skill proficiency. *Front Aging Neurosci.* 2017; 9: 1-12.

[6] Schroder EA, Esser KA. Circadian rhythms, skeletal muscle molecular clocks and exercise. *Exer Sport Sci Rev.* 2013; 41(4): 224-229.

[7] Wright MJ, Bishop DT, Jackson RC, Abernethy B. Brain regions concerned with the identification of deceptive soccer moves by higher-skilled and lower-skilled players. *Front Hum Neurosci.* 2013; 7: 851.

第6章

[1] Beck TW, DeFreitas JM, Stock MS. The effects of a resistance training program on average motor unit firing rates. *Clin Kinesiol.* 2011; 65(1): 1-8.

[2] Doma K, Deakin G. The cumulative effects of strength and endurance training sessions on muscle force generation capacity over four days. *J Aust Strength Cond.* 2013; 21(suppl 1): 34-38.

[3] Fyfe JJ, Bishop DJ, Stepto NK. Interference between concurrent resistance and endurance exercise: molecular bases and the role of individual training variables. *Sports Med.* 2014; 44(6): 743-762.

[4] Gonzalo-Skok Ó, Tous-Fajardo J, Suarez-Arrones LJ, Arjol-Serrano JL, Casajus JA, Mendez-villanueva A. Single-leg power output and between-limbs imbalances in teamsport players: unilateral versus bilateral combined resistance training. *Int J Sports Physiol Perform.* 2017; 12(1): 106-114.

[5] Gupta L, Morgan K, Gilchrist S. Does elite sport degrade sleep quality? A systematic review. *Sports Med.* 2017; 47(7): 1317-1333.

[6] Hammami M, Negra Y, Roy S, Mohamed Souhaiel C. The effect of standard strength vs. contrast strength training on the development of sprint, agility, repeated change of direction and jump in male junior soccer players. *J Strength Cond Res.* 2017; 31: 1.

[7] Kreher JB. Diagnosis and prevention of overtraining syndrome: an opinion on education strategies. *J Sports Med.* 2016; 7: 115-122.

[8] Radak Z, Chung HY, Koltai E, et al. Exercise, oxidative stress and hormesis. *Ageing Res Rev.* 2008; 7(1): 34-42.

[9] Soares S, Ferreira-Junior JB, Pereira MC, et al. Dissociated time course of muscle damage recovery between single- and multi-joint exercises in highly resistance-trained men. *J Strength Cond Res.* 2015; 29(9): 2594-2599.

[10] Stasinaki AE, Gloumis G, Spengos KM, et al. Muscle strength, power, and morphologic adaptations after 6 weeks of compound vs. complex training in healthy men.

J Strength Cond Res. 2015; 29(9): 2559-2569.

第7章

[1] Amirthalingam T, Mavros Y, Wilson GC, Clarke JL, Mitchell L, Hackett DA. Effects of a modified german volume training program on muscular hypertrophy and strength. *J Strength Cond Res*. 2017; 31(11): 3109-3119.

[2] Botton CE, Radaelli R, Wilhelm EN, Rech A, Brown LE, Pinto RS. Neuromuscular adaptations to unilateral vs. bilateral strength training in women. *J Strength Cond Res*. 2016; 30(7): 1924-1932.

[3] Crewther B, Keogh J, Cronin J, Cook C. Possible stimuli for strength and power adaptation: acute hormonal responses. *Sports Med*. 2006; 36(3): 215-238.

[4] Jenkins ND, Housh TJ, Buckner SL, et al. Neuromuscular adaptations after 2 and 4 weeks of 80% versus 30% 1 repetition maximum resistance training to failure. *J Strength Cond Res*. 2016; 30(8): 2174-2185.

[5] Oliver JM, Jagim AR, Sanchez AC, et al. Greater gains in strength and power with intraset rest intervals in hypertrophic training. *J Strength Cond Res*. 2013; 27(11): 3116-3131.

[6] Ozaki H, Kubota A, Natsume T, et al. Effects of drop sets with resistance training on increases in muscle CSA, strength, and endurance: a pilot study. *J Sports Sci*. 2018; 36(6): 691-696.

[7] Paoli A, Gentil P, Moro T, Marcolin G, Bianco A. Resistance training with single vs. multijoint exercises at equal total load volume: effects on body composition, cardiorespiratory fitness, and muscle strength. *Front Physiol*. 2015; 8: 1105.

[8] Radaelli R, Fleck SJ, Leite T, et al. Dose-response of 1, 3, and 5 sets of resistance exercise on strength, local muscular endurance, and hypertrophy. *J Strength Cond Res*. 2015; 29(5): 1349-1358.

[9] Saeterbakken A, Andersen V, Brudeseth A, Lund H, Fimland MS. The effect of performing bi- and unilateral row exercises on core muscle activation. *Int J Sports Med*. 2015; 36(11): 900-905.

[10] Smilios I, Theophilos P, Karamouzis M, Parlavantzas A, Tokmakidis S. Hormonal responses after a strength endurance resistance exercise protocol in young and elderly males. *Int J Sports Med*. 2007; 28: 401-409.

第8章

[1] Carter J, Greenwood M. Complex training reexamined: review and recommendations

to improve strength and power. *Strength Cond J*. 2014; 36(2): 11-19.

[2] Crewther B, Keogh J, Cronin J, Cook C. Possible stimuli for strength and power adaptation: acute hormonal responses. *Sports Med*. 2006; 36(3): 215-238.

[3] Juarez D, Gonzalez-Rave JM, Navarro F. Effects of complex vs. noncomplex training programs on lower body maximum strength and power. *Isokinet Exerc Sci*. 2009; 17: 233-241.

[4] Paoli A, Gentil P, Moro T, Marcolin G, Bianco A. Resistance training with single vs. multijoint exercises at equal total load volume: effects on body composition, cardiorespiratory fitness, and muscle strength. *Front Physiol*. 2015; 8: 1105.

[5] Potach DH, Chu DA. Plyometric training. In: Baechle TR, Earle RW, eds. *Essentials of Strength Training and Conditioning*. Champaign, IL: Human Kinetics; 2008: 413-456.

[6] Smilios I, Theophilos P, Karamouzis M, Parlavantzas A, Tokmakidis S. Hormonal responses after a strength endurance resistance exercise protocol in young and elderly males. *Int J Sports Med*. 2007; 28: 401-409.

[7] Tufano JJ, Conlon JA, Nimphius S, et al. Maintenance of velocity and power with cluster sets during high-volume back squats. *Int J Sports Physiol Perform*. 2016; 11(7): 885-892.

第9章

[1] Beck TW, DeFreitas JM, Stock MS. The effects of a resistance training program on average motor unit firing rates. *Clin Kinesiol*. 2011; 65(1): 1-8.

[2] Browne GJ, Proud CG. Regulation of peptide-chain elongation in mammalian cells. *Eur J Biochem*. 2002; 269: 5360-5368.

[3] Chromiak J, Mulvaney D. The effects of combined strength and endurance training on strength development. *J Appl Sports Sci Res*. 1990; 4: 55-60.

[4] Costill DL, Bowers R, Branam G, Sparks K. Muscle glycogen utilization during prolonged exercise on successive days. *J Appl Physiol*. 1971; 31: 834-838.

[5] Creer A, Gallaoher P, Slivka D, Jemiolo B, Fink W, Trappe S. Influence of muscle glycogen availability on ERKI/2 and Akt signaling after resistance exercise in human skeletal muscle. *J Appl Physiol*. 2005; 99: 950-956.

[6] Docherty D, Sporer B. A proposed model for examining the interference phenomenon between concurrent aerobic and strength training. *Sports Med*. 2000; 30(6): 385-394.

[7] Doma K, Deakin G. The cumulative effects of strength and endurance training sessions on muscle force generation capacity over four days. *J Aust Strength Cond*. 2013; 21(suppl 1): 34-38.

[8] Dudley GA, Djamil R. Incompatibility of endurance and strength-training modes of exercise. *J Appl Physiol*. 1985; 59: 1446-1451.

[9] Eklund D, Pulverenti T, Bankers S, et al. Neuromuscular adaptations to different modes of combined strength and endurance training. *Int J Sports Med*. 2014; 36: 120-129.

[10] Fyfe JJ, Bishop DJ, Stepto NK. Interference between concurrent resistance and endurance exercise: molecular bases and the role of individual training variables. *Sports Med*. 2014; 44(6): 743-762.

[11] Hernandez JM, Fedele MJ, Farrell PA. Time course evaluation of protein synthesis and glucose uptake after acute resistance exercise in rats. *J Appl Physiol*. 2000; 88(3): 1142-1149.

[12] Hickson RC Interference of strength development by simultaneously training for strength and endurance. *Eur J Appl Physiol Occup Physiol*. 1980; 45: 255-263.

[13] Jones TW, Howatson G, Russell M, French DN. Effects of strength and endurance exercise order on endocrine responses to concurrent training. *Eur J Sports Sci*. 2017; 17(3): 326-334.

[14] Kikuchi N, Yoshida S, Okuyama M, Nakazato K. The effect of high-intensity interval cycling sprints subsequent to armcurl exercise on upper-body muscle strength and hypertrophy. *J Strength Cond Res*. 2016; 30(8): 2318-2323.

[15] Kraemer WJ., Patton F, Gordon E, et al. Compatibility of high-intensity strength and endurance training on hormonal and skeletal muscle adaptations. *J Appl Physiol*. 1995; 78: 976-989.

[16] Kuipers H, Keizer HA. Overtraining in elite athletes. Review and directions for the future. *Sports Med*. 1988; 6: 79-92.

[17] Kü üsmaa-Schildt M, Eklund D, Avela J, et al. Neuromuscular adaptations to combined strength and endurance training: order and time-of-day. *Int J Sports Med*. 2017; 38: 707-716.

[18] Luginbuhl AJ, Dudley GA, Staron HS. Fiber type changes in rat skeletal muscle after intense interval training. *Histochemistry*. 1984; 81: 55-58.

[19] Murach KA, Bagley JA. Skeletal muscle hypertrophy with concurrent exercise training: contrary evidence for an interference effect. *Sports Med*. 2016; 46(8): 1029-1039.

[20] Nader GA, Esser KA. Intracellular signaling specificity in skeletal muscle in response to different modes of exercise. *J Appl Physiol*. 2001; 90: 1936-1942.

[21] Rose AJ, Broholm C, Kiillerich K, et al. Exercise rapidly increases eukaryotic elon-

gation factor 2 phosphorylation in skeletal muscle of men. *J Physiol*. 2005; 569: 223-228.

[22] Schumann M, Pelttari P, Doma K, Karavirta L, Häkkinen K. Neuromuscular adaptations to same-session combined endurance and strength training in recreational endurance runners. *Int J Sports Med*. 2016; 37(14): 1136-1143.

[23] Tesch PA, Colliander AB, Kaiser P. Muscle metabolism during intense, heavy-resistance exercise. *Eur J Appl Physiol Occup Physiol*. 1986; 55: 362-366.

[24] Wilson JM, Marin PJ, Rhea MR, Wilson SM, Loenneke JP, Anderson JC. Concurrent training: a meta-analysis examining interference of aerobic and resistance exercises. *J Strength Cond Res* 2012; 26(8): 2293-2307.

[25] Winder WW. Energy-sensing and signaling by AMP-activated protein kinase in skeletal muscle. *J Appl Physiol*. 2001; 91: 1017-1028.

[26] Wojtaszewski JF, Macdonald C, Nielsen JN, et al. Regulation of 5\p\AMP-activated protein kinase activity and substrate utilization in exercising human skeletal muscle. *Am J Physiol Endocrinol Metab*. 2003; 284: E813-E822.

[27] Wolff G, Esser KA. Scheduled exercise phase shifts the circadian clock in skeletal muscle. *Med Sci Sports Exerc*. 2012; 44(9): 1663-1670.

第10章

[1] Aguilar AJ, DiStefano LJ, Brown CN, Herman DC, Guskiewicz KM, Padua DA. A dynamic warm-up model increases quadriceps strength and hamstring flexibility. *Eur J Sport Sci*. 2016; 16(4): 402-408.

[2] Avloniti A, Chatzinikolaou A, Fatouros IG, et al. The acute effects of static stretching on speed and agility performance depend on stretch duration and conditioning level. *J Strength Cond Res*. 2016; 30(10): 2767-2773.

[3] Avloniti A, Chatzinikolaou A, Fatouros IG, et al. The effects of static stretching on speed and agility: one or multiple repetition protocols? *J Strength Cond Res*. 2011; 25(11): 2991-2998.

[4] Crewther B, Keogh J, Cronin J, Cook C. Possible stimuli for strength and power adaptation: acute hormonal responses. *Sports Med*. 2006; 36(3): 215-238.

[5] Peck E, Chomko G, Gaz DV, Farrell AM. The effects of stretching on performance. *Curr Sports Med Rep*. 2014; 13(3): 179-183.

[6] Shrier I, McHugh M. Does static stretching reduce maximal muscle performance? A review. *Clin J Sports Med*. 2012; 22(5): 450-451.

[7] Wiley RW, Kyle BA, Moore SA, Chleboun GS. Effect of cessation and resumption of static hamstring muscle stretching on joint range of motion. *J Orthop Sports Phys Ther*. 2001; 31(3): 138–144.

[8] Wolff G, Esser KA. Scheduled exercise phase shifts the circadian clock in skeletal muscle. *Med Sci Sports Exerc*. 2012; 44(9): 1663–1670.

关于作者

　　艾米·阿什莫尔拥有得克萨斯大学奥斯汀分校人体运动学博士学位和佛罗里达州立大学运动科学硕士学位。她撰写了数十篇文章、博客，并且是经美国国家体能协会（NSCA）、美国大学体能教练协会（CSCCa）、美国运动理事会（ACE）和美国国家运动医学学会（ACSM）认可的继续教育项目的负责人。艾米曾在佛罗里达州立大学运动科学系任教，曾任美国军事大学运动科学和运动管理的项目主管。此外，她还是一位作家和继续教育专家。

关于译者

刘也

北京体育大学运动训练学硕士（体能测评与训练方向）；国家体育总局训练局体能训练师，曾为国家游泳队、田径队、体操队、羽毛球队、乒乓球队、排球队、篮球队、举重队等提供体能测试和体能训练指导服务；曾担任中超大连人职业足球俱乐部科研教练；曾担任中国国家羽毛球青年队体能教练，备战亚洲青年羽毛球锦标赛、世界青年羽毛球锦标赛；曾担任中国武警雪豹突击队体能教练；曾担任北京大学高水平羽毛球代表队体能教练、北京体育大学高水平羽毛球代表队体能教练。